Les SECRETS de la NUMÉROLOGIE PRÉDICTIVE

Une formation pas à pas
pour des réponses rapides,
datées et précises

Des mêmes auteurs

Le livre pratique de la Numérologie (Éditions Montorgueil)
sous le nom de SYGGHER

Sapience et Numérologie (Éditions Les Ateliers du Griffon)
sous le nom de SYGGHER

Éditions Ellébore

Directeur éditorial: Édouard Frison-Roche
Édition : Katia Kaloun
Création graphique et mise en pages : Charlotte Thomas

Collection Oseleso

979-10-230-0197-6

ose|ose

Zicenzo

Les SECRETS de la NUMÉROLOGIE PRÉDICTIVE

Une formation pas à pas
pour des réponses rapides,
datées et précises

Ellébore

8
5
9
4
7
1
777
2
0
5
1
99
666
11
7
6

SOMMAIRE

« Il n'y a personne qui soit né
sous une mauvaise étoile.
Il n'y a que des gens
qui ne savent pas lire le Ciel. »

Le DALAÏ LAMA

AVANT-PROPOS

Notre expérience de numérologues a débuté il y a un peu plus de 40 ans avec la découverte du livre de Martial A.O. TAPIERO *Les nombres et le destin*. À l'époque, nous ne connaissions même pas le mot « numérologie » mais nous nous souvenons de l'excitation ressentie lorsque, ayant monté les premiers thèmes numérologiques prédictifs des membres de notre famille établis à partir de leurs *prénom*, *nom de famille* et de la *date de naissance*, nous avons reçu leurs témoignages sur la justesse de nos prédictions. Dès lors, notre démarche s'est orientée vers ce que l'on peut appeler la numérologie prédictive en recherchant constamment à affiner nos interprétations.

Ce que nous proposons tout au long de ce livre, c'est une formation adaptée à **la numérologie prédictive** qui va vous permettre d'apporter des réponses exactes, précises et datées aux questions que vous vous posez ou que l'on vous posera.

Notre méthode a connu un véritable succès auprès de celles et ceux qui l'ont testée. Vous aurez le plaisir de découvrir leurs avis en fin d'ouvrage. Comment sommes-nous arrivés à ces résultats ? Par la précision de nos interprétations dans nos consultations et par notre expérience de formateurs à la numérologie prédictive. En effet, **apprendre à faire tous les calculs d'un thème numérologique** peut se faire en une heure. Au départ, il suffit d'avoir le *prénom*, le *nom de famille* et la *date de naissance* pour effectuer les calculs nécessaires aux réponses. Mais après, **comment interpréter ces calculs ?** Grâce aux clés que nous utilisons, que nous confions à nos stagiaires pendant leur formation et dont nous allons vous parler dans cet ouvrage.

Deux grandes parties constitueront ce livre :

- les calculs nécessaires que vous devez dominer pour monter un thème numérologique ;
- les interprétations que vous n'aurez plus qu'à suivre pour trouver les réponses à vos questions.

Les calculs et leurs interprétations seront portés par deux exemples :

- Charlotte DUVAL-ROUSSEAU, née le 29 avril 1967.
- Julien PERIN, né le 23 juillet 1985.

Ces deux personnages sont totalement fictifs. Nous les avons créés en fonction d'éléments percutants que vous découvrirez au cours de votre progression dans ce livre, livre dans lequel nous avancerons ensemble, PAS à PAS.

Par ailleurs, si vous désirez **développer vos talents et vos dons ésotériques**, vous pouvez le faire simplement, grâce à la pratique de la numérologie prédictive car l'exercice régulier de cette science est un excellent moyen connu pour révéler et développer les dons de clairvoyance, de clairaudience, et autres capacités…

C'est ainsi que nos Anges sont intervenus plusieurs fois dans notre carrière en nous communiquant des précisions importantes pour développer la justesse de nos interprétations. Vous trouverez deux exemples de ces précisions dans le chapitre intitulé : « Le message de nos Anges ».

De votre côté, vous progresserez rapidement en vous appuyant sur des exemples personnels choisis dans votre entourage.

Alors, on y va !

Partie 1
LES CALCULS

LES ÉLÉMENTS INDISPENSABLES AUX CALCULS

Pour monter le thème numérologique d'une personne, vous devez collecter les renseignements suivants : son *identité complète* et sa *date de naissance.*

Pour un homme :

- son prénom usuel ;
- son nom de famille ;
- sa date de naissance.

Pour une femme

- son prénom usuel ;
- son nom de jeune fille ;
- son nom marital (si mariée) ;
- sa date de naissance.

Le *Prénom* et le *Nom de Famille* + le *Nom Marital* (accessoirement) sont les bases de l'**Étude du Caractère et du Comportement**.

La *date de naissance* sert à l'**Étude de la Destinée**.

Chapitre 1

LES CALCULS LIÉS À L'ÉTUDE DU CARACTÈRE

Le décodage, la grille de décodage

Le décodage, c'est la transformation des lettres de l'identité d'une personne en chiffres ou en nombres à partir d'une grille de décodage. Ces chiffres et nombres, une fois qu'ils vont apparaître, vont nous donner des renseignements numérologiques précis sur le caractère de cette personne.

Pour monter le thème d'une femme, les éléments nécessaires sont plus nombreux que pour celui d'un homme car, d'une façon imagée, nous disons que *le prénom* est pour tous les deux, la jupe ou le pantalon, *le nom de famille* ou *le nom de jeune fille* est la chemise, *le nom de la femme mariée* est une veste qui va recouvrir sa chemise et qu'elle va garder ou enlever selon les évènements de sa vie. Si elle divorce et ne garde pas son nom de femme mariée, elle retrouve alors la chemise qu'elle portait avant son mariage.

En clair, *le prénom* est l'un des éléments constants de l'étude numérologique d'une femme. Il n'a aucune raison d'être changé sauf pour des cas précis dans la vie d'une personne comme ne pas aimer ce prénom et préférer être appelée par un autre prénom. C'est pourquoi nous utilisons le terme de : *prénom usuel.*

Le *nom de jeune fille* est un autre élément permanent de l'identité d'une femme. Associé à son prénom, il détermine son caractère de naissance.

Le *nom marital,* par son influence, va modifier le comportement et le caractère de la jeune fille.

Le *surnom*, qu'il soit issu de l'abréviation du prénom ou d'un usage amical, va modifier en bien ou en moins bien (c'est parfois dommage !) le comportement de la personne à qui il est attribué, puisque les lettres qui le composent sont différentes (par exemple « Véro » pour Véronique ou « Babette » pour Élisabeth).

Quant à *la date de naissance*, elle va vous permettre de voir, comme dans un livre ouvert, **toute la destinée de la personne**. S'il y a une différence entre la date de naissance et la date figurant sur l'état civil, prenez celle figurant sur les papiers officiels. Par expérience, vos interprétations seront justes en suivant ce choix.

Pour procéder à l'analyse de l'identité de la personne, vous allez commencer par transformer les lettres de *son prénom*, de *son nom* et éventuellement *le nom marital* selon le tableau de décodage suivant (**chaque lettre de l'alphabet concorde avec une valeur numérologique**) :

A	B	C	D	E	F	G	H	I		
J	.	L	M	N	O	P	Q	R		
S	T	U	.	W	X	Y	Z		K	V
1	**2**	**3**	**4**	**5**	**6**	**7**	**8**	**9**	**11**	**22**

Le nombre actif : le décodage du prénom

Nous l'avons dit, *le prénom*, qui ne change pas durant notre vie, a une influence permanente sur notre caractère. Ce qui veut dire que toutes les personnes qui ont le même prénom auront le même genre d'actions dans la vie, quel que soit leur nom de famille. C'est leur signature personnelle. C'est pour cela que *le prénom* est appelé **nombre actif**.

À partir du tableau précédent, vous allez pouvoir calculer la valeur du **nombre actif** d'une personne en sachant que :

le 1 correspond aux lettres A, J, S
le 2 correspond aux lettres B, T
le 3 correspond aux lettres C, L, U
le 4 correspond aux lettres D, M
le 5 correspond aux lettres E, N, W
le 6 correspond aux lettres F, O, X
le 7 correspond aux lettres G, P, Y
le 8 correspond aux lettres H, Q, Z
le 9 correspond aux lettres R, I
le 11 correspond à la lettre K
le 22 correspond à la lettre V

EXEMPLE 1

Calcul de la valeur numérologique du **nombre actif** de Charlotte DUVAL, épouse ROUSSEAU

C - H - A - R - L - O - T - T - E
3 - 8 - 1 - 9 - 3 - 6 - 2 - 2 - 5
3 + 8 + 1 + 9 + 3 + 6 + 2 + 2 + 5 = 39

Lorsque vous trouvez un résultat à 2 chiffres comme c'est le cas pour le nombre actif de Charlotte qui fait 39, vous devez alors additionner les 2 chiffres jusqu'à obtenir un résultat à 1 chiffre.

39 = 3 + 9 = 12 = 1 + 2 = 3

3 est donc le **nombre actif** de Charlotte DUVAL, épouse ROUSSEAU

EXEMPLE 2

Calcul de la valeur numérologique du **nombre actif** de JULIEN PERIN

J - U - L - I - E - N
1 - 3 - 3 - 9 - 5 - 5
1+3+3+9+5+5 = 26 = 2 + 6 = 8

8 est donc le **nombre actif** de JULIEN PERIN

Attention

Quand vous trouverez le nombre 11 et le nombre 22 dans vos calculs, ne les réduisez JAMAIS à 2 ou à 4. En effet, notre méthode tient toujours compte de la valeur numérologique de ces maîtres-nombres, comme vous le voyez déjà dans le cas des lettres K et V du tableau de décodage.

Vous pouvez maintenant, commencer vos calculs sur des personnes de votre choix.

Le décodage du nombre héréditaire

Le *nom de famille* est l'héritage culturel reçu des parents. En Numérologie, c'est le **nombre héréditaire** parce qu'il renferme les éléments importants dont nous avons hérité, qui viennent compléter les informations venues de notre **nombre actif**.

En reprenant le tableau de décodage, vous allez pouvoir calculer la valeur du **nombre héréditaire** d'une personne.

EXEMPLE 1

Calcul de la valeur numérologique du **nombre héréditaire** de CHARLOTTE DUVAL, épouse ROUSSEAU

D - U - V - A - L
4 - 3 - 22 - 4 - 3
4 + 3 + 22 + 4 + 3 = 36 = 3 + 6 = 9

9 est donc la valeur numérologique du **nombre héréditaire** de Charlotte DUVAL, épouse ROUSSEAU

EXEMPLE 2

Calcul de la valeur numérologique du **nombre héréditaire** de JULIEN PERIN

P - E - R - I - N
7 - 5 - 9 - 9 - 5
7 + 5 + 9 + 9 + 5 = 35 = 3 + 5 = 8

8 est donc la valeur numérologique du **nombre héréditaire** de JULIEN PERIN

À votre tour, faites vos calculs sur les exemples que vous avez choisis.

Le décodage du nombre marital de la femme

Lié à son mariage, *le nom marital* est une partie de l'identité d'une femme. Il vient modifier son caractère par les éléments qu'il apporte. S'il semble effacer le nom de jeune fille, il n'en est rien. Il n'est qu'un supplément dans l'identité, supplément qui peut disparaître en cas de divorce, permettant alors à la femme de retrouver son identité initiale et son caractère de jeune fille. C'est pourquoi nous en tenons compte et le calculons toujours dans un thème numérologique.

À partir du tableau de décodage, vous allez pouvoir calculer la valeur du **nombre marital** d'une personne.

EXEMPLE

Calcul de la valeur du **nombre marital** de Charlotte DUVAL, épouse ROUSSEAU

R - O - U - S - S - E - A - U
9 - 6 - 3 - 1 - 1 - 5 - 1 - 3
9 + 6 + 3 + 1 + 1 + 5 + 1 + 3 = 11

11 est donc la valeur numérologique du **nombre marital** de Charlotte DUVAL, épouse ROUSSEAU

Le décodage du nombre d'expression

Nous venons de découvrir trois résultats : le nombre actif, le nombre héréditaire et **le nombre marital**. C'est avec ces éléments que nous allons calculer **le nombre d'expression** d'une personne, nombre qui **correspond à son caractère**. En effet, le résultat de ces calculs est appelé **nombre d'expression,** puisque c'est au travers de ce nombre que s'exprime une personne. Nous pouvons donc dire que **le nombre d'expression est le nombre de caractère d'une personne**.

EXEMPLE 1

Commençons par le calcul du **nombre d'expression** de Charlotte DUVAL épouse ROUSSEAU avant son mariage :

Charlotte → **nombre actif** 3

DUVAL → **nombre héréditaire** 9

Pour trouver **le nombre d'expression** que Charlotte avait avant de se marier, il suffit d'additionner ces deux chiffres :

3 + 9 = 12 = 1 + 2 = 3

3 est la vibration numérologique du nombre d'expression de Charlotte DUVAL avant son mariage. C'est son caractère, son **nombre d'expression** de jeune fille.

Pour trouver **le nombre d'expression** que Charlotte DUVAL a depuis son mariage, il suffit d'additionner **son nombre d'expression** avant le mariage à la valeur de **son nom marital** :

Charlotte DUVAL → **nombre d'expression** avant le mariage = 3
ROUSSEAU → **nombre marital** = 11

3 + 11 = 14 = 1 + 4 = 5

5 est donc la vibration numérologique du caractère de Charlotte DUVAL après son mariage. C'est son nouveau **nombre d'expression.**

EXEMPLE 2

Continuons par le calcul du **nombre d'expression** de Julien PERIN :

Julien → **nombre actif** 8
PERIN → **nombre héréditaire** 8

Pour trouver le Nombre d'Expression, du caractère de Julien PERIN, il suffit d'ajouter ces 2 nombres :

8 + 8 = 16 = 1 + 6 = 7

7 est donc la vibration numérologique du caractère de Julien PERRIN. C'est son **nombre d'expression.**

Attention

N'oubliez pas que dans notre méthode, si vos calculs vous amènent à trouver un 2 ou un 4, refaites les calculs verticalement. Puis, si vous trouvez un 11 ou un 22, gardez-les comme étant les vrais résultats du calcul, sans les réduire.

Poursuivez maintenant vos calculs sur vos propres exemples.

L'étoile de Vénus

Fort(e) de ces calculs, vous allez maintenant pouvoir dresser l'**Étoile de Vénus** de l'identité d'une personne. C'est un tableau qui va regrouper, dans chaque case, les mêmes valeurs de chiffres et de nombres.

Vous avez constaté que les chiffres et les nombres issus du décodage des lettres de l'identité d'une personne sont variés. Ils sont ce que nous appelons « la boîte à outils ». En effet, chacun des chiffres ou nombres est chargé d'une énergie vibratoire que nous ressentons (ou non), mais qui explique pourquoi nous sommes poussés à agir dans une direction plutôt que dans une autre tout au long des différentes étapes de notre vie.

Voici la représentation de l'Étoile de Vénus

Case des 1	Case des 2	Case des 3	
Case des 4	Case des 5	Case des 6	Case des 11
Case des 7	Case des 8	Case des 9	Case des 22

Il s'agit d'un tableau de 11 cases que vous remplirez en plaçant, dans chacune des cases, le nombre de 1, de 2, de 3, etc. que vous avez trouvés dans l'identité de la personne.

EXEMPLE 1

Calculons l'**Étoile de Vénus** de Charlotte DUVAL-ROUSSEAU

C-H-A-R-L-O-T-T-E D-U-V-A-L R-O-U-S-S-E-A-U
3 - 8 - 1 - 9 - 3 - 6 - 2 - 2 - 5 4 -3 - 22 - 1 - 3 9 - 6 - 3 - 1 - 1 - 5 - 1 - 3

Cette présentation globale de l'identité de Charlotte DUVAL-ROUSSEAU montre que nous avons :

- 5 fois 1
- 2 fois 2
- 6 fois 3
- 1 fois 4
- 2 fois 5
- 2 fois 6
- 0 fois 7
- 1 fois 8
- 2 fois 9
- 0 fois 11
- 1 fois 22

Ces résultats vont venir remplir l'**Étoile de Vénus** de Charlotte :

Case des 1 5 fois	Case des 2 2 fois	Case des 3 6 fois	
Case des 4 1 fois	Case des 5 2 fois	Case des 6 2 fois	Case des 11 0 fois
Case des 7 0 fois	Case des 8 1 fois	Case des 9 2 fois	Case des 22 1 fois

Avec l'habitude, vous remplirez l'**Étoile de Vénus** de la façon suivante :

1 5	2 2	3 6	
4 1	5 2	6 2	11 0
7 0	8 1	9 2	22 1

Une **Étoile de Vénus** est rarement complète. Vous y trouverez parfois des cases avec un 0. Le 0 n'est pas un défaut lié à l'absence de chiffre ou de nombre dans une case. Il signale simplement que la personne a une leçon à apprendre dans le domaine couvert par la case où il se trouve.

EXEMPLE 2

Calculons l'Étoile de Vénus de Julien PERIN

J - U - L - I - E - N   P - E - R - I - N
1 - 3 - 3 - 9 - 5 - 5   7 - 5 - 9 - 9 - 5

Son **Étoile de Vénus** se remplit de la façon ci-dessous :

1 1	2 0	3 2	
4 0	5 4	6 0	11 0
7 1	8 0	9 3	22 0

À vous de jouer avec les exemples que vous avez choisis !

Les différentiels

Un **différentiel** est le résultat de la soustraction faite entre 2 nombres proches.

Par exemple, dans l'Etoile de Vénus de Julien PERIN, dans la case des 3 il y a le chiffre 2. Le différentiel dans cette case est 3 – 2 = 1

Remarque : si dans cette case des 3 vous aviez trouvé un 5, la soustraction serait alors :

5 – 3 = 2

2 aurait alors été le différentiel à retenir. Nous allons ainsi calculer les différentiels qui se trouvent dans chaque case des **Étoiles de Vénus** concernées.

EXEMPLE 1

Calcul des différentiels dans l'Étoile de Vénus de Charlotte DUVAL-ROUSSEAU

1 5	2 2	3 6	
4 1	5 2	6 2	11 0
7 0	8 1	9 2	22 1

Arrêtons-nous sur la première ligne. Dans la case 1, il y a un 5 ; dans la case 2, il y a un 2 ; dans la case 3, il y a un 6.

1 5	2 2	3 6

Nous observons un <u>différentiel</u> dans la case 1 et dans la case 3 : le différentiel dans la case 1 est 4, issu de la soustraction entre le 5 et le 1 (5 – 1 = 4) ; le différentiel dans la case 3 est 3, issu de la soustraction entre le 6 et le 3 (6 – 3 = 3). Il n'y a pas de différentiel dans la case 2 puisque la soustraction entre 2 nombres identiques est impossible.

Nous pouvons mettre en valeur ces différentiels de cette façon :

1 5 (diff. 4)	2 2	3 6 (diff. 3)

Nous pouvons compléter les autres cases de la même façon :

1 5(diff. 4)	2 2	3 6 (diff. 3)	
4 1 (diff. 3)	5 2 (diff. 3)	6 2 (diff. 4)	11 0
7 0	8 1 (diff. 7)	9 2 (diff. 7)	22 1 (diff. 21= 2 + 1 = 3)

EXEMPLE 2

Calcul des différentiels dans l'Étoile de Vénus de Julien PERIN. Nous vous laissons calculer les différentiels que vous inscrirez dans les cases correspondantes de cette façon.

1 1	2 0	3 2 (diff. 1)	
4 0	5 4 (diff. 1)	6 0	11 0
7 1 (diff. 6)	8 0	9 3 (diff. 6)	22 0

L'utilité de connaître la valeur des différentiels vous sera évidente lorsque nous aborderons les interprétations numérologiques.

Précision

Les différentiels que vous trouverez tout au long d'un thème numérologique, que ce soit dans l'étude du caractère ou dans l'étude de la destinée, répondent toujours aux questions « Pourquoi ? » ou « Comment ? ». Cela vous permettra d'avoir des interprétations toujours plus précises.

À vous, maintenant, de créer l'**Étoile de Vénus** de vos propres exemples !

Chapitre 2

LES CALCULS LIÉS À L'ÉTUDE DE LA DESTINÉE

Le chemin de vie

Nous quittons les calculs liés à **l'étude de l'identité** d'une personne pour aborder une partie importante dans la numérologie prédictive : **l'étude de la destinée** d'une personne.

Vous pourrez ainsi lire, comme dans un livre ouvert, les différentes périodes de sa vie depuis sa naissance pour y trouver les réponses précises à ses questions. Le seul outil dont vous avez besoin est *sa date de naissance* : *le jour, le mois et l'année de naissance.* Le résultat que vous trouverez en additionnant verticalement ces trois éléments s'appelle **le chemin de vie**.

Pour comprendre les calculs qui vont suivre, nous allons poursuivre avec les deux exemples qui nous ont servis dans les calculs de l'étude du **nombre d'expression**.

EXEMPLE 1

Calcul du nombre du **chemin de vie** de Charlotte DUVAL-ROUSSEAU, née le 29 avril 1967.

$$\begin{array}{r} 29 \\ +\ 4 \\ \underline{+\ 1967} \\ = 2000\ (2 + 0 + 0 + 0) = 2 \end{array}$$

Important

Chaque fois que vous trouverez un 2 ou un 4 dans vos calculs, il faudra recalculer ce nombre en faisant une addition horizontale. Cela vous permettra de savoir s'il s'agit bien d'un 11 caché ou d'un 22 caché au lieu du 2 ou du 4. Dans ces cas-là, vous garderez le 11 ou le 22.

Autrement dit : avec le calcul vertical, c'est l'addition de chaque nombre les uns aux autres pour obtenir un nombre total qu'on va réduire ensuite (29 + 4 + 1967 = 2000), on obtient le chiffre 2 (2 + 0 + 0 + 0 = 2). Pour savoir s'il n'y a pas un 11 caché derrière ce 2, il y a une façon fiable de le vérifier ; en procédant au calcul horizontal du chemin de vie, c'est-à-dire en additionnant chaque chiffre les uns aux autres directement : 2+9+4+1+9+6+7= 38=3+8=11

Recalculons horizontalement la date de naissance de Charlotte :

2 + 9 + 4 + 1 + 9 + 6 + 7 = 38 = 3 + 8 = 11

11 est bien **le nombre du chemin de vie** de Charlotte.

EXEMPLE 2

Calcul du **nombre du chemin de vie** de Julien PERIN né le 23 juillet 1985.

$$\begin{array}{r} 23 \\ +\ 7 \\ \underline{+\ 1985} \end{array}$$
$$= 2015\ (2 + 0 + 1 + 5) = 8$$

8 est le nombre du Chemin de Vie de Julien PERIN.

Dans le cas de Julien, le résultat n'est ni 2 ni 4, il n'y a donc pas d'ambiguïté sur un 11 ou un 22 caché. Si on opère un calcul horizontal, on obtiendra également un 8 :

$$2 + 3 + 7 + 1 + 9 + 8 + 5 = 35 = 3 + 5 = 8$$

Vous aussi, calculez les chemins de vie de vos exemples personnels.

Les différentes périodes de la vie

Il y a deux sortes de périodes de vie qui évoluent en parallèle avec des durées différentes. Ce sont :

- les 3 Cycles ;
- les 5 Apogées.

Voici comment évoluent ces tranches de vie :

- Le 1er Cycle aussi appelé Cycle de l'enfance et du jeune adulte, a la même durée que le 1er Apogée.

- Le 2e Cycle, aussi appelé Cycle de la Maturité, couvre les 2e, 3e et 4e Apogées.
- Le 3e Cycle, aussi appelé Cycle de la retraite, couvre le 5e Apogée et tous les Apogées suivants jusqu'à la fin de vie.

Leurs durées étant différentes, voici leur représentation dans le déroulement d'une destinée.

Apogées	1re Apogée	2e Apogée	3e Apogée	4e Apogée	5e Apogée
Cycles	1er Cycle	2e Cycle	2e Cycle	2e Cycle	3e Cycle

La durée de chaque Apogée et de chaque Cycle

Ce point est important parce qu'il vous confirmera l'impression que vous avez pu avoir, parfois, de quitter une période de vie difficile pour entrer dans une autre période offrant de nouvelles perspectives. Les Apogées se suivent et ne se ressemblent pas toujours.

La durée du 1er apogée et du 1er cycle

Cette durée s'étend de la naissance jusqu'à un âge défini en soustrayant du « Nombre Absolu 36 » le nombre du chemin de vie de la personne. Sa durée correspond à celle du 1er Cycle.

EXEMPLE 1

Calcul de **la durée du 1er Apogée** de Charlotte DUVAL-ROUSSEAU qui a un **chemin de vie** 11.

En suivant les calculs énoncés précédemment :

36 – 11 = 25

Remarque importante : nous devrions donc avoir un **1er Apogée** allant de 0 à 25 ans. Pourtant, voici une exception importante : lorsque **le chemin de vie** de référence est un 11 ou un 22, vous devez les réduire exceptionnellement à 2 ou à 4 selon le cas, mais dans ce cas exclusivement ! En refaisant donc les calculs avec le 11 réduit à 2, nous obtenons :

36 – 2 = 34

Et nous connaissons ainsi la vraie durée **du 1er Apogée** de Charlotte. Dans cette grande période existent des sous-périodes. Ces sous-périodes se calculent en soustrayant 9 ans à partir de l'âge de la fin de cette grande période. Ce qui donne :

0	7 ans	16 ans	25 ans	34 ans

Ici, ces trois âges (7 ans, 16 ans et 25 ans) indiquent des dates importantes pour Charlotte. Ce sont soit des prises d'indépendance vis-à-vis de sa famille, soit des moments importants. Explication : dans la période avant ses 25 ans, Charlotte vivait sous l'influence plus ou moins prononcée de sa famille. Elle a commencé à vouloir prendre une certaine indépendance vers ses 16 ans. Pour ce qui s'est passé à ses 7 ans, vous pouvez poser la question. Après ses 25 ans, elle est entrée dans la période de jeune adulte pour se lancer dans la vie et prendre son destin en main.

EXEMPLE 2

Calcul de la durée du **1er Apogée** de Julien PERIN qui a **un chemin de vie** 8 :

$$36 - 8 = 28$$

Le **1er Apogée** de Julien, qui est couvert par le **1er Cycle,** va donc de 0 à 28 ans.

Sa représentation graphique est la suivante :

0 à 28 ans

Pour apporter plus de précisions sur ce **1er Apogée**, nous devons tenir compte de l'existence d'âges intermédiaires situés 9 ans avant la fin de cette période, soit à 10 ans et à 19 ans pour Julien.

0 10 ans 19 ans 28 ans

Explication : dans la période précédant ses 19 ans, Julien vivait sous l'influence plus ou moins prononcée de sa famille. Après ses 19 ans, il est entré lui aussi, dans la période de jeune adulte qui se lance dans la vie et prend son destin en main.

Calculez maintenant le **1er Apogée** et le **1er Cycle** de vos exemples.

La durée des trois Apogées suivants et du 2e Cycle

Le **2e Apogée** commence à l'âge de la fin du **1er Apogée** et dure 9 ans, comme tous les Apogées suivants. La durée cumulée de ces trois Apogées est égale à la durée du **2e Cycle**. Rappelez-vous ce tableau :

Apogées	1re Apogée	2e Apogée	3e Apogée	4e Apogée	5e Apogée
Cycles	1er Cycle	2e Cycle	2e Cycle	2e Cycle	3e Cycle

EXEMPLE 1

Calculs de la durée des **quatre premiers Apogées** et des 2 premiers Cycles pour Charlotte DUVAL-ROUSSEAU

1er Apogée (1er Cycle) : 0   7 ans   16 ans   25 ans   34 ans
2e Apogée (2e Cycle) : 34 ans   à   43 ans
3e Apogée (2e Cycle) : 43 ans   à   52 ans
4e Apogée (2e Cycle) : 52 ans   à   61 ans

EXEMPLE 2

Calculs de la durée des **quatre premiers Apogées** et des 2 premiers Cycles pour Julien PERIN :

1er Apogée (1er Cycle) : 0   10 ans   19 ans   28 ans
2e Apogée (2e Cycle) : 28 ans   à   37 ans
3e Apogée (2e Cycle) : 37 ans   à   46 ans
4e Apogée (2e Cycle) : 46 ans   à   55 ans

À vous de faire le calcul des trois Apogées suivants (2e Cycle) pour vos exemples.

La durée des derniers Apogées et du dernier Cycle

Le **5e Apogée** et les suivants commencent à l'âge de la fin de la période précédente et durent 9 ans jusqu'à la fin de vie. Vous êtes alors dans le 3e Cycle.

EXEMPLE 1

Calculs de la durée du **5e Apogée** et des suivants, et du **3e Cycle** pour Charlotte DUVAL-ROUSSEAU

0	7 ans	16 ans	25 ans	34 ans
34 ans		à		43 ans
43 ans		à		52 ans
52 ans		à		61 ans
61 ans		à		70 ans
70 ans		à		79 ans
79 ans		à		88 ans
Etc.				

EXEMPLE 2

Calculs de la durée du **5e Apogée** et des suivants, et du **3e Cycle** pour Julien PERIN

0	10 ans		19 ans	28 ans
28 ans		à		37 ans
37 ans		à		46 ans
46 ans		à		55 ans
55 ans		à		64 ans
64 ans		à		73 ans
73 ans		à		82 ans

Nous pouvons maintenant les représenter sur le tableau des âges, sachant que :

- le 1er Cycle évolue en parallèle avec le 1er Apogée ;
- le 2e Cycle couvre les trois Apogées suivants ;
- le 3e Cycle couvre tous les Apogées suivants.

EXEMPLE 1

Pour Charlotte DUVAL-ROUSSEAU :

0 34 ans 43 ans 52 ans 61 ans etc

Apogées	1er Apogée	2e Apogée	3e Apogée	4e Apogée	5e Apogée
Cycles	1er Cycle	2e Cycle	2e Cycle	2e Cycle	3e Cycle

0 9 ans 16 ans 25 ans 34 ans = 1er Cycle] 1er Apogée
34 ans à 43 ans = 2e Cycle] 2e Apogée
43 ans à 52 ans = 2e Cycle] 3e Apogée
52 ans à 61 ans = 2e Cycle] 4e Apogée
61 ans à 70 ans = 3e Cycle] 5e Apogée
70 ans à 79 ans = 3e Cycle] 6e Apogée
79 ans à 88 Ans = 3e Cycle] 7e Apogée
88 ans à etc.

EXEMPLE 2

Pour Julien PERIN :

0 28 ans 37 ans 46 ans 55 ans etc

Apogées	1er Apogée	2e Apogée	3e Apogée	4e Apogée	5e Apogée
Cycles	1er Cycle	2e Cycle	2e Cycle	2e Cycle	3e Cycle

0 10 ans 19 ans 28 ans = 1er Cycle] 1er Apogée
28 ans à 37 ans = 2e Cycle] 2e Apogée
37 ans à 46 ans = 2e Cycle] 3e Apogée
46 ans à 55 ans = 2e Cycle] 4e Apogée
55 ans à 64 ans = 3e Cycle] 5e Apogée
64 ans à 73 ans = 3 e Cycle] 6e Apogée
73 ans à 82 ans = 3e Cycle] 7e Apogée
82 ans à etc.

Important

Comme vous le constatez sur les tableaux précédents, concernant le symbole], nous mettons à sa gauche des durées plus longues que celles de droite.

C'est pourquoi nous avons mis les **Cycles** qui durent longtemps, à gauche du symbole] , et les **Apogées** de durées plus courtes, à droite.

Ce système de présentation vous facilitera les interprétations que nous verrons plus loin dans ce livre.

En revenant à vos propres exemples, à vous de faire le calcul des **Apogées** et des **Cycles** ainsi que leur tableau des âges.

Les vibrations numérologiques des Cycles

Les **vibrations numérologiques des Cycles** vont nous permettre de connaître les possibilités offertes par la destinée dans chaque Cycle. Elles sont faciles à calculer.

EXEMPLE 1

Calcul des vibrations numérologiques des 3 Cycles de la Destinée de Charlotte

Prenons sa date de naissance : 29 / 4 / 1967 et disposons-la de cette façon :

MOIS	JOUR	ANNÉE
4	29	1967

Voici ce que cela donne après réduction des nombres qui peuvent être réduits :

4 11 (2+9) 5 (1+9+6+7 = 23 = 2 + 3 = 5)

Ce qui donne :

4 11 5

Vous avez sous vos yeux les trois vibrations numérologiques de la destinée de Charlotte :

- Vibration numérologique du 1er Cycle : 4
- Vibration numérologique du 2e Cycle : 11
- Vibration numérologique du 3e Cycle : 5

Ces trois vibrations numérologiques, vous allez les placer dans le tableau des périodes de vie de Charlotte :

0   16 ans   25 ans   34 ans = 1er Cycle **4**] 1er Apogée
34 ans   43 ans = 2e Cycle **11**] 2e Apogée
43 ans   52 ans = 2e Cycle **11**] 3e Apogée
52 ans   61 ans = 2e Cycle **11**] 4e Apogée
61 ans   70 ans = 3e Cycle **5**] 5e Apogée
70 ans   79 ans = 3e Cycle **5**] 6e Apogée
79 ans   88 ans = 3e Cycle **5**] 7e Apogée
88   etc.

EXEMPLE 2

Calcul des vibrations numérologiques des trois Cycles de la Destinée de Julien PERIN :

Prenons sa date de naissance : 23 / 7 / 1985 et disposons-la comme précédemment :

MOIS	JOUR	ANNÉE
7	23	1985

Ce qui devient après réduction des nombres qui peuvent être réduits :

7	(23=2+3) = 5	(1+9+8+5) =2 3=2+3=5
7	5	5

Vous avez sous vos yeux les vibrations numérologiques des trois Cycles de Julien

- Vibration numérologique du 1er Cycle : **7**
- Vibration numérologique du 2e Cycle : **5**
- Vibration numérologique du 3e Cycle : **5**

Ces trois vibrations, vous allez les placer dans le tableau des périodes de vie de Julien :

0 10 ans 19 ans 28 ans = 1er Cycle **7**] 1er Apogée
28 ans 37 ans = 2e Cycle **5**] 2e Apogée
37 ans 46 ans = 2e Cycle **5**] 3e Apogée
46 ans 55 ans = 2e Cycle **5**] 4e Apogée
55 ans 64 ans = 3e Cycle **5**] 5e Apogée
64 ans 73 ans = 3e Cycle **5**] 6e Apogée
73 ans 82 ans = 3e Cycle **5**] 7e Apogée
82 ans etc.

Arrêtez-vous un instant pour calculer les vibrations numérologiques des trois **Cycles** de vos exemples en les plaçant dans le cours de leur destinée.

Les vibrations numérologiques des Apogées

Tout comme les **Cycles** ont leurs vibrations numérologiques, les **Apogées** ont aussi leurs propres vibrations numérologiques ; ces dernières donnent plus de précisions sur l'ambiance dans laquelle se déroule une période de vie.

Pour ces calculs, nous allons à nouveau utiliser la présentation de l'*année de naissance* sous cette forme avec ses nombres réduits :

MOIS…..............JOUR …........... ANNÉE

EXEMPLE 1

Calcul des vibrations numérologiques des **Apogées** de Charlotte dont la date de naissance est le 29 / 4 / 1967.

MOIS	JOUR	ANNÉE
4	29	1967

Ce qui devient après réduction des nombres qui peuvent être réduits :

4	11	23
4	11	5

La vibration numérologique **du 1er Apogée** de la Destinée de Charlotte est le résultat de l'addition verticale du *mois* et du *jour de naissance* :

$$\begin{array}{r} 4 \\ +\ 11 \\ \hline \end{array}$$
$$= 15 = 1 + 5 = 6$$

6 est la vibration numérologique du **1er Apogée** de Charlotte, que l'on écrit ainsi :

0 7 ans 16 ans 25 ans 34 ans = 1er Cycle **4**] 1er Apogée 6

La vibration numérologique du **2e Apogée** de la Destinée de Charlotte c'est le résultat de l'addition verticale du *jour* et de *l'année de naissance* :

$$\begin{array}{r} 11 \\ +\ 5 \\ \hline \end{array}$$
$$= 16 = 1 + 6 = 7$$

7 est la vibration numérologique du 2e Apogée de Charlotte, que l'on écrit ainsi :

34 ans à 43 ans = 2^e^ Cycle **11**] 2e Apogée 7

La vibration numérologique du **3e Apogée** de la Destinée de Charlotte c'est l'addition verticale des 2 premiers résultats :

$$\begin{array}{r} 6 \\ +\ 7 \\ \hline = 13 = 1 + 3 = 4 \end{array}$$

4 est la vibration numérologique du **3e Apogée** de Charlotte, que l'on écrit ainsi :

43 ans à 52 ans = 2e Cycle 11] 3e Apogée 4

Comme nous venons de trouver un résultat 4, nous devons vérifier s'il ne s'agit pas plutôt d'un 22 en procédant à une addition horizontale :

$$6 + 7 = 13 = 1 + 3 = 4$$

Le 3e Apogée de Charlotte a bien une vibration numérologique 4.

La vibration numérologique du **4e Apogée** de la Destinée de Charlotte est l'addition verticale du *mois* et de *l'année de naissance* (réduite) :

$$\begin{array}{r} 4 \\ +\ 5 \\ \hline = 9 \end{array}$$

9 est la vibration numérologique du 4e Apogée de Charlotte, que l'on écrit ainsi :

52 ans à 61 ans = 2e Cycle 11] 4e Apogée 9

Les vibrations numérologiques des **5e, 6e, 7e (et suivants) Apogées** de la destinée de Charlotte sont identiques au **4e Apogée**, c'est-à-dire 9 et s'écrivent ainsi :

61 ans	à	70 ans = 3e Cycle 5	] 5e Apogée 9
70 ans	à	79 ans = 3e Cycle 5	] 6e Apogée 9
79 ans	à	88 ans = 3e Cycle 5	] 7e Apogée 9
88 ans	à	etc.	

Le tableau complet des **périodes de vie de la destinée** de Charlotte est donc le suivant :

0	16 ans	25 ans	34 ans =	4	] 6
34 ans		à	43 ans =	11	] 7
43 ans		à	52 ans =	11	] 4
52 ans		à	61 ans =	11	] 9
61 ans		à	70 ans =	5	] 9
70 ans		à	79 ans =	5	] 9
79 ans		à	88 ans =	5	] 9
88 ans		à	etc.		

EXEMPLE 2

Calculs des vibrations numérologiques des Apogées de Julien dont la date de naissance est 23 juillet 1985 :

MOIS	JOUR	ANNÉE
7	23	1985
7	5	5

La vibration numérologique du **1er Apogée** de la Destinée de Julien est l'addition verticale du *jour* et du *mois de naissance* :

$$\begin{array}{r} 7 \\ \underline{+\ 5} \\ = 12 = 1 + 2 = 3 \end{array}$$

3 est la vibration numérologique du **1er Apogée** de Julien, que l'on écrit ainsi :

0 19 ans 28 ans = 1er Cycle 7] 1er Apogée 3

La vibration numérologique du **2e Apogée** de la destinée de Julien est l'addition verticale du *jour* et de *l'année de naissance* :

$$\begin{array}{r} 5 \\ \underline{+\ 5} \\ = 10 = 1 + 0 = 1 \end{array}$$

1 est la vibration numérologique du **2e Apogée** de Julien, que l'on écrit ainsi :

28 ans 37 ans = 2e Cycle 5] 2e Apogée 1

La vibration numérologique du **3e Apogée** de la Destinée de Julien est l'addition verticale des deux premiers résultats :

$$\begin{array}{r} 3 \\ \underline{+\ 1} \\ = 4 \end{array}$$

4 pourrait être la vibration numérologique du **3e Apogée** de Julien. Mais, comme nous vous l'avons dit plus haut, quand nous avons un 4, il faut voir s'il ne cache pas un 22. Alors, en regardant les calculs du **1er et 2e Apogées**, nous constatons que :

- le 3 est issu du 12 ;
- le 1 est issu du 10.

Ce qui donne l'addition verticale suivante :

$$\begin{array}{r} 12 \\ \underline{\mathbf{+\ 10}} \\ = 22 \end{array}$$

22 est donc bien la vibration numérologique du **3e Apogée** de Julien, que l'on écrit ainsi :

37 ans à 46 ans = 2e Cycle 5] 3e Apogée 22

Remarque : ce procédé utilisé pour trouver si un 4 cache un 22 nous a été soufflé par nos Anges qui nous poussent à trouver le 22 par d'autres moyens que l'addition horizontale.

La vibration numérologique du **4e Apogée** de la Destinée de Julien est l'addition verticale du *mois* et de *l'année de naissance* (réduite) :

$$\begin{array}{r} 7 \\ \underline{\mathbf{+\ 5}} \\ = 12 = 1 + 2 = 3 \end{array}$$

3 est la Vibration numérologique du **4e Apogée** de Julien, que l'on écrit ainsi :

46 ans à 55 ans = 2e Cycle 5] 4e Apogée 3

La vibration numérologique des **5e, 6e, 7e (et suivants) Apogées** de la destinée de Julien est identique à celle du **4e Apogée** parce que, comme vous l'avez vu dans le tableau des

Cycles et **Apogées**, la vibration numérologique des **Apogées** de fin de vie correspond au transfert de la vibration numérologique du **4ᵉ Apogée**. On l'écrira ainsi :

55 ans à 64 ans = 3ᵉ Cycle 5] 5ᵉ Apogée 3
64 ans à 73 ans = 3ᵉ Cycle 5] 6ᵉ Apogée 3
73 ans à 82 ans = 3ᵉ Cycle 5] 7ᵉ Apogée 3
82 ans à etc...

Le tableau complet des **périodes de vie de la destinée** de Julien est donc le suivant :

0 10 ans 19 ans 28 ans = 7] 3
28 ans à 37 ans = 5] 1/8
37 ans à 46 ans = 5] 22
46 ans à 55 ans = 5] 3
55 ans à 64 ans = 5] 3
64 ans à 73 ans = 5] 3
73 ans à 82 ans = 5] 3
82 ans etc...

À vous de calculer les vibrations numérologiques des **Apogées** de vos exemples.

Les années personnelles et leurs vibrations numérologiques

Une **année personnelle** débute le 1er janvier et s'achève le 31 décembre.

Le calcul des vibrations numérologiques des **années personnelles** permet en effet d'avoir des précisions sur le déroulement de l'année en cours, ainsi que sur les années passées ou futures d'une personne selon le sens de sa question.

Ce calcul consiste à additionner verticalement le *jour de naissance* avec le *mois de naissance* et *l'année universelle* concernée.

EXEMPLE 1

Calcul de **l'année personnelle** 2019 de Charlotte née le 29 avril 1967 et de sa vibration numérologique.

$$\begin{array}{r} 29 \\ +\ 4 \\ +\ 2019 \\ \hline 2052 = 2 + 5 + 2 = 9 \end{array}$$

9 est la vibration numérologique de **l'année personnelle** 2019 pour Charlotte.

EXEMPLE 2

Calcul des vibrations numérologiques de **l'année personnelle** 2019 de Julien né le 23 juillet 1985 :

$$
\begin{aligned}
&23\\
&+ 7\\
&\underline{+ 2019}\\
&= 2049 = 2 + 4 + 9 = 15 = 1 + 5 = 6
\end{aligned}
$$

6 est la vibration numérologique de **l'année personnelle** 2019 pour Julien.

À votre tour de calculer la vibration numérologique d'une **année personnelle** de vos propres exemples.

Les vibrations anniversaires

Les **vibrations anniversaires** représentent la valeur numérologique de l'espace de temps qui existe entre deux anniversaires. Elles complètent les informations fournies sur **l'année personnelle**.

En dehors des personnes nées en tout début d'année ou en toute fin d'année qui n'ont alors qu'une seule **vibration anniversaire** pour toute l'année, il existe pour les autres deux sortes de **vibrations anniversaires** :

- les vibrations *avant* anniversaire ;
- les vibrations *après* anniversaire.

Le rôle des **vibrations anniversaires** est important dans l'étude d'une **année personnelle** parce qu'elles nous apportent plus de précisions sur son déroulement.

EXEMPLE 1

Charlotte est née le 29 / 4 / 1967 pour l'année 2019. Nous savons que Charlotte est dans une **année personnelle** 9.

Question : quel âge aura-t-elle à son anniversaire de 2019 ?

2019 – 1967 = 52 ans

Avant son anniversaire, depuis le début de l'année, Charlotte a 51 ans, après son anniversaire, elle entrera dans sa 52e année qui durera jusqu'à sa 53e année, à son anniversaire de 2020.

→ **Calcul pour trouver la vibration avant l'anniversaire** de 2019 : il suffit d'additionner verticalement l'âge qu'elle a avec l'âge qu'elle aura à l'anniversaire de ses 52 ans.

51
+ 52
= 103 = 1 + 3 = 4

Puisque c'est un 4, vérifions qu'il ne s'agit pas d'un 22 caché en additionnant horizontalement :

51 + 52 = 5+1+5+2 = 13 = 1+3 =4

La vibration *avant* anniversaire de Charlotte en 2019 est **4**. Ce qui s'écrit ainsi :

Avant anniversaire : Année Personnelle 9] Vibration avant anniversaire 4

→ **Calcul pour trouver la vibration après l'anniversaire** de 2019 : il suffit d'additionner verticalement l'âge qu'elle a en 2019 avec celui qu'elle aura à son anniversaire en 2020 :

52
+ 53
= 105 = 1 + 5 = 6

La vibration *après* anniversaire de Charlotte en 2019 est **6.** Ce qui s'écrit ainsi :

Après anniversaire : Année Personnelle 9]
Vibration après anniversaire **6**

Le tout se résume ainsi : **l'année personnelle** de Charlotte est 9, ses **vibrations anniversaires** sont 4 et 6 et cela s'écrit ainsi :

Année personnelle 9] Vibration avant anniversaire **4**
Année personnelle 9] Vibration après anniversaire **6**

Ce tableau montre bien que cette **année personnelle** 9 va subir l'influence successive des deux **vibrations anniversaires** 4 et 6.

EXEMPLE 2

Julien est né le 23 / 7 / 1985. Nous savons qu'il est dans une **année personnelle** 6.

Question : quel sera son âge à son anniversaire de 2019 ?

$$2019 - 1985 = 34 \text{ ans}$$

Avant son anniversaire, depuis le début de l'année, Julien a donc 33 ans.

Après son anniversaire de 2019 il entrera dans sa 34e année qui durera jusqu'à sa 35e année à son anniversaire de 2020.

→ **Calcul pour trouver la vibration avant l'anniversaire de 2019** : il suffit d'additionner verticalement l'âge qu'il a avec l'âge qu'il aura à son anniversaire de 2019 :

33
+ 34
= 67 = 6 + 7 = 13 = 1+3 = 4

Puisque c'est aussi un 4, vérifions qu'il ne s'agit pas d'un 22 caché en additionnant horizontalement :

3+3 + 3+4 = 13 = 1 + 3 = 4

La vibration *avant* anniversaire de Julien en 2019 est 4. Ce qui s'écrit ainsi :

Avant anniversaire : année personnelle 6] Vibration avant anniversaire **4**

→ **Calcul pour trouver la vibration après l'anniversaire de 2019** : il suffit d'additionner verticalement l'âge qu'il a eu à son anniversaire de 2019 avec celui qu'il aura en 2020 :

34
+ 35
= 69 = 6 + 9 = 15 = 1+5 = 6

Ce qui s'énonce ainsi : la vibration *après anniversaire* de Julien en 2019 est 6

Ce qui s'écrit :

Après anniversaire : Année Personnelle 6] Vibration avant anniversaire **6**

Le tout se résume ainsi : **l'année personnelle** de Christian est 6, ses **vibrations anniversaires** sont 4 et 6 et cela s'écrit :

Année Personnelle 6] Vibration avant Anniversaire **4**
Année Personnelle 6] Vibration après Anniversaire **6**

Cela montre bien que le déroulement de cette **année personnelle** 6 va subir l'influence successive des deux **vibrations anniversaires** 4 et 6.

À vous maintenant de calculer les **vibrations anniversaires** de vos propres exemples.

Les mois personnels et leurs vibrations numérologiques

Pour être toujours plus précis dans les interprétations, il est nécessaire d'aborder ce chapitre qui découle tout naturellement de la connaissance de **l'année personnelle** d'une personne.

Les vibrations numérologiques de **l'année personnelle** vont, en effet, donner à chaque mois du calendrier universel une vibration numérologique personnelle, d'où le nom de **mois personnels**.

EXEMPLE 1

Présentation et calculs des vibrations numérologiques des **mois personnels** de Charlotte qui se trouve en **année personnelle** 9. D'après le calendrier, nous savons que :

Janvier = 1, Février = 2, Mars = 3, Avril = 4, Mai = 5,
Juin = 6, Juillet = 7, Août = 8, Septembre = 9,
Octobre = 10, Novembre = 11, Décembre = 12

Calcul pour trouver la vibration numérologique personnelle des mois du calendrier pour Charlotte : il suffit d'additionner le chiffre ou le nombre des mois du calendrier universel avec la vibration de **l'année personnelle** :

Janvier 1 + Année personnelle 9 = 10 = vibration numérologique 1
Ce qui s'écrit : Année personnelle 9] Mois personnel **1**

Février 2 + Année personnelle 9 = 11 = vibration numérologique 11
Ce qui s'écrit : Année personnelle 9] Mois personnel **11**

Mars 3 + Année personnelle 9 = 12 = 1 + 2 = 3 =
vibration numérologique **3**
Ce qui s'écrit : Année personnelle 9] Mois personnel **3**

Avril 4 + Année personnelle 9 = 13 = 1 + 3 = 4 =
vibration numérologique 4
Ce qui s'écrit : Année personnelle 9] Mois personnel **4**

Mai 5 + Année personnelle 9 = 14 = 1 +4 = 5 =
vibration numérologique 5
Ce qui s'écrit : Année personnelle 9] Mois personnel **5**

Juin 6 + Année Personnelle 9 = 15 = 1 + 5 = 6 =
vibration numérologique 6
Ce qui s'écrit : Année personnelle 9] Mois personnel **6**

Juillet 7 + Année Personnelle 9 = 16 = 1 + 6 = 7 =
vibration numérologique 7
Ce qui s'écrit : Année personnelle 9] Mois personnel **7**

Août 8 + Année Personnelle 9 = 17 = 1 + 7 = 8 =
vibration numérologique 8
Ce qui s'écrit : Année personnelle 9] Mois personnel **8**

Septembre 9 + Année Personnelle 9 = 18 = 1 + 8 = 9 =
vibration numérologique 9
Ce qui s'écrit : Année personnelle 9] Mois personnel **9**

Octobre 10 + Année Personnelle 9 = 19 = 1 + 9 = 10 = 1 =
vibration numérologique 1
Ce qui s'écrit : Année personnelle 9] Mois personnel **1**

Novembre 11 + Année personnelle 9 = 1 + 1 + 9 = 11=
vibration numérologique 11
Ce qui s'écrit : Année personnelle 9] Mois personnel **11**

Décembre 12 + Année Personnelle 9 = 21 = 2 + 1 =3 =
vibration numérologique 3
Ce qui s'écrit : Année personnelle 9] Mois personnel **3**

EXEMPLE 2

Présentation et calcul des vibrations numérologiques des mois personnels de Julien qui se trouve en Année Personnelle 6

Janvier 1 + Année personnelle 6 = 7 = vibration numérologique 7
Ce qui s'écrit : Année personnelle 6] Mois personnel **7**

Février 2 + Année personnelle 6 = 8 = vibration numérologique 8
Ce qui s'écrit : Année personnelle 6] Mois personnel **8**

Mars 3 + Année personnelle 6 = 9 = vibration numérologique 9
Ce qui s'écrit : Année personnelle 6] Mois personnel **9**
Avril 4 + Année Personnelle 6 = 10 = 1 + 0 = 1 = vibration numérologique 1
Ce qui s'écrit : Année personnelle 6] Mois personnel **1**

Mai 5 + Année personnelle 6 = 11 = vibration numérologique 11
Ce qui s'écrit : Année personnelle 6] Mois personnel **11**

Juin 6 + Année personnelle 6 = 12 = 1 + 2 = 3 = vibration numérologique 3
Ce qui s'écrit : Année personnelle 6] Mois personnel **3**

Juillet 7 + Année Personnelle 6 = 13 = 1 + 3 = 4 = vibration numérologique 4
Ce qui s'écrit : Année Personnelle 6] Mois personnel **4**

Août 8 + Année personnelle 6 = 14 = 1 + 4 = 5 = vibration numérologique 5
Ce qui s'écrit : Année personnelle 6] Mois personnel **5**

Septembre 9 + Année personnelle 6 = 15 = 1 + 5 = 6 = vibration numérologique 6
Ce qui s'écrit : Année personnelle 6] Mois personnel **6**

Octobre 10 + Année personnelle 6 = 16 = 1 + 6 = 7 = vibration numérologique 7
Ce qui s'écrit : Année personnelle 6] Mois personnel **7**

Novembre 11 + Année personnelle 6 = 17 = 1 + 7 = 8= vibration numérologique 8

Ce qui s'écrit : Année personnelle 6] Mois personnel **8**

Décembre 12 + Année personnelle 6 = 18 = 1 + 8 = 9 = vibration numérologique 9
Ce qui s'écrit : Année personnelle 6] Mois personnel **9**

À vous de faire un tour dans les vibrations numérologiques des **mois personnels** de vos propres exemples.

Les jours personnels et leurs vibrations numérologiques

Maintenant que nous connaissons les vibrations numérologiques des **mois personnels**, penchons-nous sur les vibrations numérologiques des **jours personnels**. Pour trouver la vibration personnelle de chaque jour, il suffit d'additionner verticalement la date du jour universel que l'on veut étudier avec la vibration numérologique du **mois personnel**.

EXEMPLE 1

Présentation et calcul des vibrations numérologiques des **jours personnels** de Charlotte en juillet qui est, pour elle, un **mois personnel** 7 comme nous venons de le voir.

Question : quelle sera la vibration numérologique du 14 juillet de Charlotte ?

Date du jour 14 + vibration du Mois personnel 7

14
+ 7
= 21 = 2 + 1 = 3

3 est la vibration numérologique du 14 juillet 2019 pour Charlotte.

Ce qui s'écrit : Mois personnel 7] journée personnelle <u>**3**</u>

EXEMPLE 2

Présentation et calcul des vibrations numérologiques des **jours personnels** de Julien en juillet qui est, pour lui, un **mois personnel** 4 comme nous venons de le voir.

Question : quelle sera la vibration numérologique du 14 juillet de Julien ?

Date du jour 14 + vibration du Mois personnel =

14

<u>**+ 4**</u>

= 18 = 1 + 8 = 9

9 est la vibration numérologique du 14 juillet 2019 pour Julien. Ce qui s'écrit :

Mois personnel 4] Journée personnelle <u>**9**</u>

En prenant vos exemples, à vous maintenant de calculer les vibrations numérologiques des **journées personnelles**.

Les heures personnelles et leurs vibrations numérologiques

Tout au long d'une **journée personnelle**, les heures défilent mais elles n'ont pas la même valeur numérologique pour chacun d'entre nous. Analyser les vibrations numérologiques des **heures personnelles**, permet de savoir si un rendez-vous programmé va être positif ou non.

Pour trouver la vibration numérologique d'une **heure personnelle**, il suffit d'additionner verticalement l'heure que l'on veut étudier avec la vibration numérologique du **jour personnel**.

EXEMPLE 1

Présentation et calcul des vibrations numérologiques des **heures personnelles** de Charlotte le soir du 14 juillet qui est, pour elle, une **journée personnelle** 3 comme nous venons de le voir.

Question : pour Charlotte, sous quelle vibration numérologique se déroulera une rencontre amoureuse fixée à 19 h le soir du 14 juillet ?

Sachant que 3 est la vibration numérologique de la journée du 14 juillet 2019 pour Charlotte, procédons à l'addition de l'heure du rendez-vous (19 h) avec la vibration numérologique 3 :

$$\begin{array}{r} 19 \\ \underline{+\ 3} \\ =22 \end{array}$$

22 est la vibration numérologique de **l'heure personnelle** (19 h) pour Charlotte. Ce qui s'écrit :

Journée personnelle 3] Heure personnelle **22**

EXEMPLE 2

Présentation et calcul des vibrations numérologiques des **heures personnelles** de Julien le soir du 14 juillet qui est, pour lui, une **journée personnelle** 9 comme nous venons de le voir.

Question : pour Julien, sous quelle vibration numérologique se déroulera une rencontre amoureuse fixée à 19 h le soir du 14 juillet ?

Sachant que 9 est la vibration numérologique de la journée du 14 juillet 2019 pour Julien, procédons à l'addition verticale de l'heure du rendez-vous (19 h) avec la vibration numérologique 9 :

$$\begin{array}{r} 19 \\ +\ 9 \\ \hline \end{array}$$
$$= 28 = 2 + 8 = 10 = 1$$

1 est la vibration numérologique de **l'heure personnelle** (19 h) pour Julien. Ce qui s'écrit :

Journée personnelle 9] Heure personnelle **1**

Imaginez que toutes les personnes qui vous servent d'exemples aient un rendez-vous ensemble, calculez maintenant la vibration numérologique de l'heure de rendez-vous pour chacune d'entre elles.

Les semaines personnelles et leurs vibrations numérologiques

Une année est composée de 52 semaines, chacune numérotée de 1 à 52 sur n'importe quel calendrier. Savoir calculer la valeur numérologique des semaines permet de connaître ce qui nous attend pendant le déroulement de cette semaine-là. Pour connaître la valeur numérologique d'une **semaine personnelle**, il suffit d'additionner verticalement la valeur numérologique de **l'année personnelle** avec le nombre universel de la semaine concernée.

EXEMPLE 1

→ Calcul des vibrations numérologiques de la 28e semaine de l'année 2019 pour Charlotte. Nous savons que Charlotte est dans une **année personnelle** 9, d'où le calcul suivant :

$$9 + \underline{28} = 37 = 3 + 7 = 10 = 1$$

1 est la valeur numérologique de la 28e semaine de l'année 2019 pour Charlotte. Ce qui s'écrit :

Année personnelle 9] Semaine personnelle **1**

EXEMPLE 2

→ Calcul des vibrations numérologiques de la 28e semaine de l'année 2019 pour Julien.

Nous savons que Julien est dans une **année personnelle** 6, d'où le calcul suivant :

$$6 + \underline{28} = 34 = 3 + 4 = 7$$

7 est la valeur numérologique de la 28e semaine de l'année 2019 pour Julien. Ce qui s'écrit :

Année personnelle 6] Semaine personnelle **7**

En prenant vos exemples, calculez maintenant les vibrations numérologiques d'une **semaine personnelle**.

Les différentiels

Tout comme nous avons étudié les **différentiels** qui existent dans **l'étude du caractère**, nous allons étudier les différentiels qui existent dans tous les calculs de la destinée. En effet, dès que nous trouvons deux nombres en relation très proche, nous devons en calculer la différence. Répondant aux questions « POURQUOI ? » ou « COMMENT ? », chaque différentiel trouvé donne des précisions sur la façon de résoudre un problème dans le cadre d'une question précise.

Les **différentiels** apparaissent en effectuant une soustraction entre :

- Un Cycle et un Apogée ;
- Une Année Personnelle et une Vibration Anniversaire ;
- Une Année Personnelle et un Mois Personnel ;
- Un Mois Personnel et un Jour Personnel ;
- Un Jour Personnel et une Heure Personnelle ;
- Une Année Personnelle et une Semaine Personnelle.

EXEMPLE 1

Pour Charlotte, étudions les **différentiels** entre son **année personnelle** de 2019 et ses **vibrations anniversaires**. Il nous suffit de nous reporter aux résultats que nous avions obtenus précédemment pour faire apparaître les **différentiels**.

Année personnelle 9] Vibration avant anniversaire 4 , Différentiel **5**

Année personnelle 9] Vibration après anniversaire 6 , Différentiel **3**

Ce tableau montre bien que cette **année personnelle** 9 va subir l'influence des deux **vibrations anniversaires** du 4 et du 6 et des **différentiels** qui vont répondre aux questions « pourquoi » et « comment ».

EXEMPLE 2

Pour Julien, étudions les **différentiels** entre son **année personnelle** de 2019 et ses **vibrations anniversaires.** Il nous suffit, là encore, de nous reporter aux résultats que nous avions obtenus précédemment pour faire apparaître les **différentiels**.

Année personnelle 6	]	Vibration avant anniversaire 4 , Différentiel **2**
Année personnelle 6	]	Vibration après anniversaire 6 , Différentiel **0**

Ce tableau montre bien que cette **année personnelle** 6 va subir l'influence des deux **vibrations anniversaires** du 4 et du 6 avec un **différentiel** 2 pour la première partie de son année 2019.

Nous arrivons à la fin des calculs sur la destinée. En prenant vos exemples, calculez maintenant les vibrations numérologiques des **différentiels** entre leur **année personnelle** et leurs **vibrations anniversaires**.

En conclusion

Vous venez d'apprendre tous les calculs qui nous sont utiles pour réaliser une consultation. Les calculs fondamentaux à maîtriser sont :

- le **décodage**.
- **l'Étoile de Vénus** ;
- le **chemin de vie** ;
- les tranches de vie, **Cycles** et **Apogées** ;
- **l'année personnelle** et les **vibrations anniversaires** du moment ;
- les **différentiels**.

Les autres calculs (**mois personnels, jours personnels, semaine personnelle** et **heures personnelles**) ne sont faits que si la réponse l'impose. Maintenant, nous allons passer aux interprétations dont la justesse tiendra surtout :

- à votre attention aux résultats de l'Étoile de Vénus, à savoir si un nombre ou un chiffre y est présent ou non
- à votre écoute de la question posée parce qu'elle vous permettra de répondre avec précision à la préoccupation des consultant(e)s.

Partie 2

LES INTER-PRÉTATIONS

LES ÉLÉMENTS INDISPENSABLES AUX INTERPRÉTATIONS

Comme nous l'affirmions en début d'ouvrage, savoir faire les calculs d'un thème numérologique, *c'est bien* ! *Ce qui est mieux*, c'est de **poser des interprétations sur les résultats obtenus et de transformer les nombres en phrases porteuses de sens**. C'est pour cela que chaque paragraphe comportera des textes faciles à retenir pour décrire le caractère puis la destinée d'une personne.

C'est à travers votre aisance dans la formulation de vos interprétations que vous impressionnerez votre entourage et **cela vous donnera l'envie d'aller toujours plus loin dans la numérologie prédictive grâce à la précision de vos interprétations**.

Deux grands chapitres vont être abordés dans cette deuxième partie :

- **les interprétations liées à l'étude du caractère** avec l'utilisation d'adjectifs, de substantifs, de mots décrivant des situations diverses ;
- **les interprétations liées à l'étude de la destinée** avec l'utilisation de verbes parce que nous sommes alors dans l'action.

N'oubliez jamais cette règle d'or : **vos interprétations, qu'elles concernent le caractère ou la destinée, ne doivent absolument pas émettre de jugement.** Puisqu'elles vont dépendre de l'Étoile de Vénus de la personne et des chiffres présents ou absents dans ses cases, vous devrez simplement considérer cette situation et ne pas tirer de conclusions négatives si vous avez affaire, par exemple, à une case remplie d'un 0. Car si c'est le cas, la personne se trouve face à une leçon et elle dispose de toute sa vie pour l'apprendre.

Chapitre 1

LES INTERPRÉTATIONS LIÉES À L'ÉTUDE DU CARACTÈRE

La signification des chiffres et des nombres

Lors du décodage de l'*identité* d'une personne, de la création de l'**Étoile de Vénus** et des autres calculs que vous avez appris à partir des différents éléments d'une identité, vous avez vu apparaître des chiffres et des nombres dont nous allons vous donner les interprétations.

La signification d'un chiffre et d'un nombre sera différente selon s'il est présent ou absent dans l'Étoile de Vénus. C'est pourquoi vous verrez toujours apparaître la notion de « présent » ou « absent » dans la totalité des interprétations.

Les interprétations portent sur les chiffres de **1 à 9** et des nombres **11 et 22**, comme vous avez pu le voir dans la grille de décodage. Il va sans dire que **la force originale des interprétations liées aux vibrations numérologiques reçues à la naissance peut s'atténuer avec les expériences de la vie**.

Mode d'emploi des interprétations

Vous allez trouver, à partir de maintenant, des textes d'interprétations qui pourraient vous sembler parfois presque identiques entre des nombres présents ou absents. Cependant, des nuances existent et vous ne devrez prendre en compte que les interprétations se rapportant au cas de la personne dont vous faites le thème comme nous le ferons pour nos deux personnages, Charlotte et Julien.

1

Les interprétations du 1

Le **1** est représenté par les lettres **A, J, S**. Étant impair, il est **associé à la notion masculine et au Père**. Pour affirmer que le **1** est **absent** ou **présent**, nous ne tiendrons compte que de la case 1 de l'Étoile de Vénus : si elle est occupée par un chiffre, nous dirons que **le 1 est présent**. Si elle est vide, nous dirons que **le 1 est absent**. Nous ne nous intéressons donc qu'à cette case pour déterminer la notion de présence ou d'absence du 1.

En effet, il peut y avoir des **1** dans les autres cases de l'Étoile de Vénus mais ceux-là n'entrent pas en compte pour répondre à la notion du **1 présent** ou **absent**. Nous verrons plus tard leur interprétation.

Significations du 1 présent dans l'identité de la personne en se rapportant à son Étoile de Vénus

→ C'est-à-dire si la case 1 de l'Étoile de Vénus est occupée par un chiffre.

- Personne non influençable, individualiste, ayant le sens de l'autorité, de la décision, de l'initiative, du commandement, un tempérament de leader, de la volonté.
- Égocentrisme, indépendance.
- Ambition personnelle désintéressée, oubli des conseils reçus, confiance en soi, envie de garder la maîtrise de son destin.
- Exigence marquée vis à vis des autres, impatience, impulsivité.

Ces interprétations expriment le potentiel de la personne si les lettres A, J ou S sont présentes dans son identité. **Dans l'exemple de Charlotte DUVAL-ROUSSEAU**, le chiffre 1 est représenté 3 fois par la lettre A et 2 fois par la lettre S, soit 5 fois 1. Ce qui signifie que le 1 va jouer un rôle prépondérant dans son caractère en lui permettant de ne subir aucune influence des autres. **Dans l'exemple de Julien PERIN**, le chiffre 1 est représenté 1 fois par la lettre J. Ce qui signifie que Julien possède aussi, dans son caractère, les qualités du 1 qui lui permettront d'être autonome dans ses décisions.

Si le **nombre actif** (total des lettres du *prénom*) est un **1 présent** (ayant donc l'une des lettres A, J, S) ou si le **nombre d'expression** (total des lettres de son *identité*) est un **1 présent**, on peut dire que c'est une personne de décision, non influençable, impatiente, impulsive, toujours dans l'affirmation de soi, qui n'écoute pas les conseils mais assume ses erreurs.

- **Potentiel professionnel du nombre d'expression 1 présent** : la personne est prédisposée à des métiers permettant d'utiliser son besoin d'autonomie, son sens du commandement et son esprit de compétition.
- **Potentiel relationnel et amoureux du nombre d'expression 1 présent** : portée par son égoïsme et sa détermination, la personne montre une tendance à vouloir s'imposer aux autres, à montrer une attitude ferme qui va fragiliser les rapports aux autres sur le plan affectif.

Significations du 1 absent dans l'identité de la personne en se rapportant à son Étoile de Vénus

→ **C'est-à-dire si la case 1 de l'Étoile de Vénus est vide** (s'il y a un **0** dans la **case des 1**), cela signifie que **cette personne qui n'a pas de 1 dans son identité** ne saura pas, de façon innée, agir dans le sens exact que le 1 propose. Ne connaissant donc pas le sens exact idéal du 1, la personne peut avoir deux comportements qui peuvent cohabiter, l'un pouvant être trop marqué et l'autre pas assez.

- **D'une part :** la personne est influençable, effacée, timide, manque d'assurance, de confiance en soi, de prise d'initiatives.
- **D'autre part :** la personne a un comportement tyrannique pour s'affirmer auprès des autres. Agressive, opportuniste, elle a besoin d'être reconnue et admirée.

Conclusion

Ces interprétations démontrent le potentiel de la personne si les lettres **A, J** ou **S** sont **absentes** de son *identité*. L'absence de 1 est une leçon de vie. En fait, il serait souhaitable que cette personne apprenne le sens de l'équilibre de sa personnalité et entreprenne, avec l'aide d'un coach, un travail pour trouver un comportement juste et confiant.

Si le **nombre actif** (total des lettres du *prénom*) est un 1 **absent** (n'ayant donc aucune des lettres A, J, S) ou si le **nombre d'expression** (total des lettres de son *identité*) est un **1 absent**, on peut affirmer que c'est une personne influençable qui masque inconsciemment son indécision par un comportement très autoritaire et par un excès d'esprit de compétition. Toujours à la recherche de l'affirmation de soi, elle ramène tout à elle, au risque de se montrer égocentrique, voire égoïste. Elle peut aussi, ponctuellement, manquer d'assurance, de volonté, comme prise par une crise de timidité.

- **Potentiel professionnel si le nombre d'expression est un 1 absent :** la personne peut s'orienter vers des métiers lui permettant de s'affirmer pour trouver sa place de leader. Mais pourra-t-elle exprimer son autorité sans agressivité, sans abus ?
- **Potentiel relationnel et amoureux si le nombre d'expression est un 1 absent :** la personne vivra-t-elle en couple d'une façon effacée ou comme une despote autoritaire ? C'est dans ce microcosme que la personnalité se révèle le plus, lorsqu'elle malmène les rapports affectifs.

Maintenant, c'est à vous de commencer à mettre des interprétations sur les calculs de vos propres exemples.

2

Les interprétations du 2

Le **2** est représenté par les lettres **B, T**. Étant pair, il est **associé à la sensibilité féminine et à la Mère**. Là aussi, pour affirmer que le **2** est **absent** ou **présent**, nous ne tiendrons compte que de la case **2** de l'Étoile de Vénus : si elle est occupée par un chiffre, nous dirons **que le 2 est présent**. Sinon, **le 2 est absent**. Nous ne nous intéressons qu'à cette case pour déterminer la notion de présence ou d'absence du **2**. En effet, il peut y avoir des **2** dans les autres cases de l'Étoile de Vénus mais ceux-là n'entrent pas en compte pour répondre à la notion du **2 présent** ou **absent**. Nous verrons plus tard leur interprétation.

Significations du 2 présent dans l'identité de la personne en se rapportant à son Étoile de Vénus

→ **C'est-à-dire si la case 2 de l'Étoile de Vénus est occupée par un chiffre.**

- Esprit souple, conciliant, coopératif, tolérant, diplomate, aimable.
- C'est le chiffre du duo, de l'association, du partage, de la douceur, de la tendresse, de la complicité entre deux personnes, de la patience.
- C'est aussi le chiffre du couple, de l'amour réciproque, ainsi que l'image de la Mère ou de la Femme aimante, sécurisante.
- Attirance pour les belles choses.

Ces interprétations montrent le potentiel de la personne si les lettres B et T sont présentes dans son identité. Dans l'exemple de Charlotte DUVAL-ROUSSEAU, le chiffre 2 est représenté 2 fois par la lettre T. Cela signifie que le 2 va permettre à Charlotte de faire preuve de tolérance, de diplomatie et d'être totalement en accord avec les autres. Dans l'exemple de Julien PERIN, la case des 2 est vide. Nous en verrons l'interprétation dans la partie du 2 absent.

Si le **nombre actif** (total des lettres du *prénom*) est un **2 présent** (ayant donc l'une des lettres B, T) ou si le **nombre d'expression** (total des lettres de son *identité*) est un **2 présent**, on peut affirmer que c'est une personne conciliante, patiente, qui a toutes les chances de vivre en harmonie avec les autres.

- **Potentiel professionnel si le nombre d'expression est un 2 présent :** la personne désire être en accord avec les autres. Ne désirant pas se mettre en avant, elle est à l'aise dans le sillage d'autrui, surtout dans le cadre d'associations si cela se présente.
- **Potentiel relationnel et amoureux si le nombre d'expression est un 2 présent :** ayant besoin de se sentir protégée, aimée, cette personne est à la recherche d'une vie harmonieuse faite d'amour et de tendresse.

Significations du 2 absent dans l'identité de la personne en se rapportant à son Étoile de Vénus

→ C'est-à-dire si la case 2 de l'Étoile de Vénus est vide.

Ne connaissant pas le sens exact idéal du 2, la personne peut avoir deux comportements qui peuvent cohabiter, l'un pouvant être trop marqué et l'autre pas assez.

D'une part :

- manque de souplesse d'esprit et d'envie de coopérer, de partager, de faire des concessions, manque de diplomatie, de tolérance ;
- grande irritabilité, peu de patience ni de douceur ;
- incessante quête d'amour au travers de ses actions pour être sécurisée, rassurée.

D'autre part :

- esprit trop conciliant, trop tolérant, trop diplomate ;
- besoin d'association, de beaucoup de douceur ;
- besoin d'amour partagé, importance de l'image de la Mère ou de la Femme aimante, sécurisante.

Conclusion

Ces interprétations démontrent le potentiel de la personne si les lettres **B** et **T** sont **absentes** de son *identité*. **Dans l'exemple de Julien PERIN**, la case des 2 est vide. Pour lui, l'absence de 2 est une leçon de vie. Tout ce qu'il fait a pour seul but (inconscient) de combler un manque affectif avec l'espoir d'être aimé.

Si le **nombre actif** (total des lettres du *prénom*) est un **2 absent** (n'ayant donc pas l'une des lettres B, T) ou si le **nombre d'expression** (total des lettres de son *identité*) est un **2 absent**, on peut dire que c'est une personne qui manque de douceur, de patience et qui, n'ayant pas le sens du partage, sera peu conciliante dans ses rapports avec les autres.

- **Potentiel professionnel si le nombre d'expression est un 2 absent :** la personne ne va pas souvent être en accord avec les autres. Elle sera réticente face à l'idée d'une coopération professionnelle. Et si elle n'est pas spontanément une bonne collègue, elle peut tout de même envisager de le faire dans l'espoir d'être aimée.
- **Potentiel relationnel et amoureux si le nombre d'expression est un 2 absent :** ne sachant pas exprimer ses sentiments et ayant besoin de se sentir protégée, aimée, cette personne doit faire des efforts et des concessions pour trouver la vie harmonieuse faite d'amour et de tendresse qu'elle recherche.

Arrêtez-vous encore un instant pour mettre des interprétations sur les calculs de vos propres exemples.

3

Les interprétations du 3

Le **3** est représenté par les lettres **C, L, U**. Étant impair, il est **associé à la notion masculine et au Père.** Là aussi, pour dire que le **3** est **absent** ou **présent**, nous ne tiendrons compte que de la case 3 **de** l'Étoile de Vénus : si elle est occupée par un chiffre, nous dirons que **le 3 est présent**. Sinon, **le 3 est absent**. Nous ne nous intéressons qu'à cette case pour déterminer la notion de présence ou d'absence du **3**. En effet, il peut y avoir des **3** dans les autres cases de l'Étoile de Vénus mais ceux-là n'entrent pas en compte pour répondre à la notion du **3 présent** ou **absent**. Nous verrons plus tard leur interprétation.

Significations du 3 présent dans l'identité de la personne en se rapportant à son Étoile de Vénus

→ **C'est-à-dire si la case 3 de l'Étoile de Vénus est occupée par un chiffre.**

- **Sociabilité** : importance de la société, des relations, des amis dans sa vie, besoin d'être leur centre d'intérêt, recherche du regard positif des autres, le paraître.

- **Extraversion** : optimisme-né, amusement, gaité apparente, fête, clown, vie agréable, éloquence (facilité pour les langues étrangères).
- **Créativité** : forte imagination, talents artistiques, spectacle, dons innés.
- **Divers** : bonheur, bons moments, chance (sous certaines conditions), enfants.

Ces interprétations montrent le potentiel de la personne si les lettres **C, L, U** sont **présentes** dans son *identité*. Dans l'exemple de Charlotte DUVAL-ROUSSEAU, le chiffre 3 est représenté 1 fois par la lettre C, 2 fois par la lettre L, 3 fois par la lettre U, soit 6 fois 3. Ce qui signifie que le 3 va permettre à Charlotte de se montrer très ouverte sur les autres en accordant une grande place à la vie sociale avec tous les moyens dont elle dispose. Dans l'exemple de Julien PERIN, le chiffre 3 est représenté 1 fois par la lettre U, 1 fois par la lettre L, soit 2 fois 3. Ce qui veut aussi dire que Julien possède aussi, dans son caractère, les qualités du 3 qui lui permettent d'apprécier les relations sociales et amicales.

Si le **nombre actif** (total des lettres du *prénom*) est un **3 présent** (ayant donc l'une des lettres C, L, U) ou si le **nombre d'expression** (total des lettres de son *identité*) est un **3 présent**, ce qui est le cas de Charlotte, on peut dire que c'est une personne gaie, dans la séduction, qui ne peut vivre seule coupée du monde.

- **Potentiel professionnel si le nombre d'expression est un 3 présent :** la personne va utiliser ses dons innés et ses qualités artistiques, ce qui lui permettra d'avoir une vie sociale bien remplie.

- **Potentiel relationnel et amoureux si le nombre d'expression est un 3 présent :** ayant besoin de se sentir admirée par les autres, cette personne va être dans la séduction. Elle appréciera plus les bons moments passés avec les amis que les moments d'intimité du couple.

Significations du 3 absent dans l'identité de la personne en se rapportant à son Étoile de Vénus

→ C'est-à-dire si la case 2 de l'Étoile de Vénus est vide.

Ne connaissant pas le sens exact idéal du 3, la personne peut avoir deux comportements qui peuvent cohabiter, l'un pouvant être trop marqué et l'autre pas assez.

D'une part

- **Sociabilité** : jalousie, importance du regard positif des autres, besoin impératif d'être le centre d'intérêt, possessivité, besoin de se sentir indispensable.
- **Extraversion** : gaité apparente, fête, clown, recherche d'une vie agréable, éloquence, parole facile.
- **Créativité** : forte imagination, talents artistiques supposés, spectacle permanent.
- **Divers** : bons moments qu'il faut se créer, enfants non souhaités.

D'autre part

- **Sociabilité** : crainte de la société, des relations, des amis, peur du regard des autres et de l'intérêt porté sur lui par les autres.
- **Introversion** : envie de passer inaperçu(e), peu bavard(e).

- **Créativité** : pas envie de se donner en spectacle.
- **Divers** : pas le droit au bonheur, la chance c'est pour les autres, pas à l'aise avec les enfants.

Conclusion

Ces interprétations démontrent le potentiel de la personne si les lettres **C, L, U** sont **absentes** de son *identité*. L'absence de 3 est une leçon de vie. La personne vit soit une perpétuelle quête de reconnaissance et du regard admiratif de son entourage, soit avec la peur d'être remarquée.

Si le **nombre actif** (total des lettres du *prénom*) est un **3 absent** (n'ayant donc pas l'une des lettres C, L, U) ou si le **nombre d'expression** (total des lettres de son *identité*) est un **3 Absent**, on peut affirmer que c'est une personne gaie, dans la séduction, qui ne peut vivre seule, coupée du monde ou une personne repliée sur elle-même, qui fuira toute vie sociale.

- **Potentiel professionnel si le nombre d'expression est un 3 absent :** cela prédispose la personne qui a des difficultés à communiquer socialement, à vouloir prouver la présence en elle de dons innés, de ses qualités artistiques pour trouver une place sociale, ce qui ne se fera pas facilement.
- **Potentiel relationnel et amoureux si le nombre d'expression est un 3 absent :** ayant besoin de se sentir admirée par les autres, cette personne appréciera plus les bons moments passés avec les amis que les moments d'intimité du couple.

Prenez un instant pour mettre des interprétations sur les calculs de vos propres exemples.

4

Les interprétations du 4

Le **4** est représenté par les lettres **D, M**. Etant pair il est **associé à la valeur féminine et à la Mère**. Là encore, pour dire que le **4** est **absent** ou **présent**, nous ne tiendrons compte que de la case **4** de l'Étoile de Vénus : si elle est occupée par un chiffre, nous dirons que **le 4 est présent**. Sinon, **le 4 est absent**. Nous ne nous intéressons qu'à cette case pour déterminer la notion de présence ou d'absence du **4**. En effet, il peut y avoir des **4** dans les autres cases de l'Étoile de Vénus mais ceux-là n'entrent pas en compte pour répondre à la notion du **4 présent** ou **absent**. Nous verrons plus tard leur interprétation.

Signification du 4 présent dans l'identité de la personne en se rapportant à son Étoile de Vénus
→ C'est-à-dire si la case 4 de l'Étoile de Vénus est occupée par un chiffre

- Travail, efforts, organisation, méthode, rigueur, minutie, régularité, ténacité, stabilité, sérieux, honnêteté, respect.
- Prudence, prévoyance, peur de l'inattendu, des surprises, pas de fantaisie, importance des principes.

- Traditions, sens de l'honneur, de la parole donnée.
- Sur le plan de la santé : fragilisation du cœur, stress.

Ces interprétations montrent le potentiel de la personne si les lettres D et M sont présentes dans son *identité*. **Dans l'exemple de Charlotte DUVAL-ROUSSEAU**, le chiffre 4 est représenté 1 fois par la lettre D. Ce 4 signifie que Charlotte sait que le travail, les efforts et l'organisation sont nécessaires pour amener de la stabilité dans sa vie. **Dans l'exemple de Julien PERIN**, la case des 4 est vide. Nous en verrons l'interprétation dans la partie du 4 absent.

Si le **nombre actif** (total des lettres du *prénom*) est un **4 présent** (ayant donc l'une des lettres D et M) ou si le **nombre d'expression** (total des lettres de son *identité*) est un **4 présent**, on peut dire que cette personne met peu de fantaisie dans sa vie et possède une rigueur qui la valorisera sur le plan professionnel.

- **Potentiel professionnel si le nombre d'expression est un 4 présent :** cela donne à la personne les moyens de faire appel à sa rigueur, à son perfectionnisme et à son sens de l'organisation pour réussir dans les métiers qui nécessitent de la minutie et de la méthode.
- **Potentiel relationnel et amoureux si le nombre d'expression est un 4 présent :** cette personne qui prend tout au sérieux est un bon élément dans la construction d'un couple. Mais compte tenu de sa rigueur, il faut se demander si son couple s'épanouira dans un climat où la fantaisie et les surprises ne sont pas prévues.

Significations du 4 absent dans l'identité de la personne en se rapportant à son Étoile de Vénus

→ C'est-à-dire si la case 4 de l'Étoile de Vénus est vide.

Ne connaissant pas le sens exact idéal du 4, la personne peut avoir deux comportements qui peuvent cohabiter, l'un pouvant être trop marqué et l'autre pas assez.

D'une part

- Désordre organisé, refus des contraintes, refus de l'effort programmé, refus de la routine, des horaires fixes et réguliers, enfermement mal supporté, surtout pour travailler.
- Fantaisie, importance de se sentir libre, horreur des traditions.
- Sur le plan de la santé : fragilisation du cœur.

D'autre part

- Trop de travail, d'efforts, très méthodique, beaucoup de rigueur, de minutie,
- Trop grande prudence, grande peur de l'inattendu, absolument pas de fantaisie, grande importance donnée aux principes de vie,
- Refuge dans les traditions, grand sens de l'honneur et de la parole donnée,
- Sur le plan de la santé : fragilisation du cœur par trop d'efforts.

Conclusion

Ces interprétations démontrent le potentiel de la personne si les lettres **D, M** sont **absentes** de son *identité*. **Dans l'exemple de Julien PERIN** la case des 4 est vide. Pour lui, l'absence de 4 est une leçon de vie. Il peut ressentir le rejet de toute forme d'autorité, de contraintes et avoir envie de vivre dans un désordre organisé et compris de lui seul.

Si le **nombre actif** (total des lettres du *prénom*) est un **4 absent** (n'ayant donc pas l'une des lettres D, M) ou si le **nombre d'expression** (total des lettres de son *identité*) est un **4 absent**, on peut dire que c'est une personne qui met de la fantaisie dans sa vie et possède un sens très personnel de l'organisation.

- **Potentiel professionnel si le nombre d'expression est un 4 absent :** cette personne, malheureuse quand elle doit travailler dans des lieux fermés (bureaux, usines), sous l'autorité d'une hiérarchie, est faite pour exercer une profession libérale qui lui permettra de suivre un rythme de travail personnel et soutenu malgré tout.
- **Potentiel relationnel et amoureux si le nombre d'expression est un 4 absent :** appréciant la fantaisie, fuyant les principes et les attaches, cette personne ne verra pas d'un bon œil les contraintes d'une union et la perte de sa liberté.

Maintenant, revenez à vos propres exemples pour mettre des interprétations sur vos calculs.

5

Les interprétations du 5

Le **5** est représenté par les lettres **E, N, W**. Étant impair il est **associé à la valeur masculine et au Père**. Là encore, pour affirmer que le **5** est **absent** ou **présent**, nous ne tiendrons compte que de la case 5 de l'Étoile de Vénus : si elle est occupée par un chiffre, nous dirons que **le 5 est présent**. Sinon, que **le 5 est absent**. Nous ne nous intéressons qu'à cette case pour déterminer la notion de présence ou d'absence du 5.

En effet, il peut y avoir des 5 dans les autres cases de l'Étoile de Vénus mais ceux-là n'entrent pas en compte pour répondre à la notion du 5 présent ou absent. Nous verrons plus tard leur interprétation.

Significations du 5 présent dans l'identité de la personne en se rapportant à son Étoile de Vénus

→ C'est-à-dire si la case 5 de l'Étoile de Vénus est occupée par un chiffre.

- Liberté, impulsivité, spontanéité, originalité, fantaisiste, impatience, insatisfaction.
- Mobilité, voyages, changements, curiosité, horreur de la régularité, esprit de contradiction.
- Ouverture d'esprit, sens de l'adaptation, goût de l'aventure, du risque, des sports en général – parfois extrêmes, révolte, rebellion, anticonformisme.
- Adepte de la nouveauté, horreur du passé,
- Libido, sexualité souvent à risques.

Ces interprétations montrent le potentiel de la personne si les lettres E, N, W sont présentes dans son identité. **Dans l'exemple de Charlotte DUVAL-ROUSSEAU**, le chiffre 5 est représenté 2 fois par la lettre E. Cela signifie que Charlotte sait être originale et possède une ouverture d'esprit appréciable.

Dans l'exemple de Julien PERIN, le chiffre 5 est représenté 2 fois par la lettre E et 2 fois par la lettre N. Cela signifie que Julien sait, lui aussi, apprécier la liberté mais sous certaines conditions.

Si le **nombre actif** (total des lettres du *prénom*) est un **5 présent** (ayant donc l'une des lettres E, N, W) ou si le **nombre d'expression** (total des lettres de son *identité*) est un **5 présent**, on peut dire que cette personne sait se battre pour ce qu'elle a de plus cher : sa liberté. Si, par exemple, elle adhère à une association, c'est pour en sortir très rapidement parce qu'elle en sera vite insatisfaite avec la désagréable sensation d'être enfermée dans une structure.

- **Potentiel professionnel si le nombre d'expression est un 5 présent :** la personne a en elle les moyens de s'adapter. Elle est à l'aise dans les métiers itinérants ou d'intérim qui lui laissent une certaine liberté (représentation, journalisme de terrain, commerciale ...) ou dans les professions dans un contexte sportif.
- **Potentiel relationnel et amoureux si le nombre d'expression est un 5 présent :** cette personne qui possède le goût de l'aventure et qui est attirée par la nouveauté a du mal à être fidèle... sauf si elle a rencontré « sa moitié ».

Significations du 5 absent dans l'identité de la personne en se rapportant à son Étoile de Vénus

→ **C'est-à-dire si la case 5 de l'Étoile de Vénus est vide**.
Ne connaissant pas le sens exact idéal du 5, la personne peut avoir deux comportements qui peuvent cohabiter, l'un pouvant être trop marqué et l'autre pas assez.

D'une part

Peur des changements, des voyages, du risque, peu d'originalité, manque de spontanéité, routine casanière, manque de fantaisie, méfiance vis à vis de l'imprévu.

D'autre part

Trop besoin de liberté, goût de la révolte, de la contrariété, instabilité, sexualité exacerbée et à risque.

Conclusion

Ces interprétations montrent le potentiel de la personne si les lettres **E**, **N**, **W** sont **absentes** de son *identité*. L'absence de 5 est une leçon de vie. La personne évolue entre l'exercice outrancier de son droit à la liberté et la peur d'affronter les nouveautés qui se présentent dans la vie.

Si le **nombre actif** (total des lettres du prénom) est un **5 absent** (n'ayant donc aucune des lettres E, N, W) ou si le **nombre d'expression** (total des lettres de son identité) est un **5 absent**, on peut dire que c'est une personne insaisissable qui peut paraître contrariante et qui n'aime pas les imprévus.

- **Potentiel professionnel si le nombre d'expression est un 5 absent :** cette personne qui se méfie de la nouveauté, n'apprécie pas les changements, les évolutions professionnelles. Les emplois intérimaires ne sont pas faits pour elle.
- **Potentiel relationnel et amoureux si le nombre d'expression est un 5 absent :** peu fantaisiste ou trop fantaisiste, cette personne ne sera heureuse que si son ou sa partenaire sait s'adapter à ses sautes d'humeur.

Maintenant, revenez à vos propres exemples pour mettre des interprétations sur vos calculs.

6

Les interprétations du 6

Le **6** est représenté par les lettres **F, O, X**. Étant pair, il est **associé à la valeur féminine et à la Mère.** Là encore, pour affirmer que le **6** est **absent** ou **présent**, nous ne tiendrons compte que de la case **6** de l'Étoile de Vénus : si elle est occupée par un chiffre, nous dirons que **le 6 est présent**. Sinon, **le 6 est absent**. Nous ne nous intéressons qu'à cette case pour déterminer la notion de présence ou d'absence du **6.**

En effet, il peut y avoir des **6** dans les autres cases de l'Étoile de Vénus mais ceux-là n'entrent pas en compte pour répondre à la notion du **6 présent** ou **absent**. Nous verrons plus tard leur interprétation.

Significations du 6 présent dans l'identité de la personne en se rapportant à son Étoile de Vénus

→ C'est-à-dire si la case 6 de l'Étoile de Vénus est occupée par un chiffre.

- Responsabilités, disponibilité, indispensabilité, sens du devoir, conciliation, justice.
- Amour, foyer, mariage, calme et harmonie, tendresse, sensibilité affective, sensualité.
- Sens de la famille, prêt(e) à tout pour la défendre.
- Goût des belles choses, beauté, esthétisme, domaines artistiques, nécessité de développer des dons innés.
- Santé, soit traditionnelle soit parallèle (magnétisme, médecines alternatives, etc.)
- Animaux, nature, environnement.

Ces interprétations montrent le potentiel de la personne si les lettres F, O, X sont présentes dans son identité. **Dans l'exemple de Charlotte DUVAL-ROUSSEAU,** le chiffre **6** est représenté 2 fois par la lettre O. Cela signifie que Charlotte sait prendre ses responsabilités et peut vouloir apprendre à développer ses dons innés (détectés dans le chapitre relatif au chiffre 3) et ainsi devenir une artiste accomplie. **Dans l'exemple de Julien PERIN,** la case des 6 est vide. Nous en verrons l'interprétation dans la partie du 6 absent.

Si le **nombre actif** (total des lettres du *prénom*) est un **6 présent** (ayant donc l'une des lettres F, O, X) ou si le **nombre d'expression** (total des lettres de son *identité*) est un **6 présent**, on peut dire que cette personne, poussée par un besoin de se sentir indispensable, accepte facilement les responsabilités qui lui sont confiées, même très jeune.

- **Potentiel professionnel si le nombre d'expression est un 6 présent** : avec le 6 présent, de nombreuses possibilités s'offrent à cette personne. Pour satisfaire son besoin de s'occuper des autres, elle peut avoir envie de créer son entreprise, privilégier des métiers se rapportant au droit et à la justice, s'orienter vers le milieu médical traditionnel ou vers les nouvelles techniques de médecine parallèle. Elle peut se tourner vers les métiers fondés sur l'esthétisme et la mise en valeur de la beauté en général. Elle a des possibilités professionnelles en lien avec l'environnement, que cela passe par les métiers de jardinier, de paysagiste ou les nouvelles voies ouvertes par l'écologie. N'oublions pas que les animaux peuvent être une belle orientation, que ce soit la protection animale, l'élevage ou les soins apportés aux animaux par son magnétisme naturel. Sur le plan de la santé, tendance à souffrir du dos.
- **Potentiel relationnel et amoureux si le nombre d'expression est un 6 présent :** avec le 6 présent cette personne possède l'envie très forte de montrer sa capacité à se rendre indispensable. Appréciant la vie en couple et en famille, elle n'hésitera pas à fonder un foyer.

Significations du 6 absent dans l'identité de la personne en se rapportant à son Étoile de Vénus

→ **C'est-à-dire si la case 6 de l'Étoile de Vénus est vide.**

Ne connaissant pas le sens exact, idéal du 6, la personne peut avoir deux comportements qui peuvent cohabiter, l'un pouvant être trop marqué et l'autre pas assez.

D'une part

- Difficultés à vivre en couple, à réussir une union, fuite devant les responsabilités.
- Indifférence au sens de l'esthétisme, du beau.
- Négligence de sa santé et de celle des autres.
- Amour pour les animaux indépendants, indifférence pour l'environnement.

D'autre part

- Acceptation et prise de trop nombreuses responsabilités, que ce soit pour son entourage ou pour sa famille afin de se sentir indispensable, au risque de se mêler de la vie des autres.
- Possessivité, jalousie.
- Goût excessif pour les belles choses,
- Sur le plan de la santé, tendance à être hypocondriaque et à souffrir du dos.

Conclusion

Ces interprétations montrent le potentiel de la personne si les lettres **F**, **O**, **X** sont **absentes** de son *identité*. **Dans l'exemple de Julien PERIN,** la case des 6 est vide, il peut ressentir le besoin de se sentir indispensable en se chargeant du maximum de responsabilités, et il peut aussi rencontrer des difficultés à réussir sa vie de couple. L'absence de 6 est une leçon de vie. La personne a un comportement possessif vis-à-vis de son entourage. À trop vouloir en faire, cela ne lui attirera pas forcément des ami(e)s qui verront plutôt en elle quelqu'un qui se mêle de ce qui ne la regarde pas !

Si le **nombre actif** (total des lettres du *prénom*) est un **6 absent** (n'ayant donc aucune des lettres F, O, X) ou si le **nombre d'expression** (total des lettres de son *identité*) est un **6 absent**, on peut dire que c'est une personne qui a des difficultés à vivre en harmonie avec son entourage.

- **Potentiel professionnel du nombre d'expression 6 absent :** la personne désireuse d'être considérée comme indispensable sur son lieu de travail, va se charger d'un maximum de responsabilités, ce qui se répercutera sur sa santé par un malaise du genre mal de dos.
- **Potentiel relationnel et amoureux si le nombre d'expression est un 6 absent :** cela caractérise une difficulté à réussir sa vie de couple. Nous ne parlerons pas d'échec mais plutôt d'expériences à connaître pour apprendre cette leçon de vie qui l'amènera à trouver l'harmonie dans sa vie.

Maintenant, revenez à vos propres exemples pour mettre des interprétations sur vos calculs.

7

Les interprétations du 7

Le **7** est représenté par les lettres **G**, **P**, **Y**. Étant impair, il est **associé à la valeur masculine et au Père**. Là encore, pour dire que le **7** est **absent** ou **présent**, nous ne tiendrons compte que de la case **7** de l'Étoile de Vénus : si elle est occupée par un chiffre, nous dirons que **le 7 est présen**t. Sinon, **le 7 est absent**. Nous ne nous intéressons qu'à cette case pour déterminer la notion de présence ou d'absence du 7.

En effet, il peut y avoir des 7 dans les autres cases de l'Étoile de Vénus mais ceux-là n'entrent pas en compte pour répondre à la notion du 7 présent ou absent. Nous verrons plus tard leur interprétation.

Significations du 7 présent dans l'identité de la personne en se rapportant à son Étoile de Vénus

→ C'est-à-dire si la case 7 de l'Étoile de Vénus est occupée par un chiffre.

- Réflexion, Analyse, Mentalisation, Secret, Méditation, Solitude, Non communication,
- Travail intellectuel, Ecriture, Lecture, Enseignement, Apprentissage,
- Rectitude morale, Règles de moralité.

Ces interprétations montrent le potentiel de la personne si les lettres G, P, Y sont présentes dans son identité. **Dans l'exemple de Charlotte DUVAL-ROUSSEAU,** le chiffre 7 n'est pas représenté. Nous en verrons la signification dans l'interprétation du **7 absent. Dans l'exemple de Julien PERIN,** le chiffre 7 est représenté 1 fois par la lettre P. Ce qui veut dire que Julien sait prendre des décisions réfléchies après analyse d'une situation. Le travail intellectuel ne le rebute pas.

Si le **nombre actif** (total des lettres du *prénom*) est un **7 présent** (ayant donc l'une des lettres G, P, Y) ou si le **nombre d'expression** (total des lettres de son *identité*) est un **7 présent**, on peut dire que cette personne est introvertie. Elle pense et réfléchit beaucoup, se livre peu. Elle apprécie d'être seule pour se livrer à son sport favori : l'écriture et la lecture.

- **Potentiel professionnel si le nombre d'expression est un 7 présent :** la personne est à l'aise dans un métier qui fait appel à son potentiel intellectuel. Dans certain cas, elle apprécie de ne pas être en relation avec un public sauf s'il s'agit d'enseigner.
- **Potentiel relationnel et amoureux si le nombre d'expression est un 7 présent :** cette personne ne se livre pas beaucoup dans son couple. L'absence de communication sentimentale fragilise leur relation. Alors, autant éviter de s'engager !

Significations du 7 absent dans l'identité de la personne en se rapportant à son Étoile de Vénus

→ **C'est-à-dire si la case 7 de l'Étoile de Vénus est vide.**
Ne connaissant pas le sens exact idéal du 7, la personne peut avoir deux comportements qui peuvent cohabiter, l'un pouvant être trop marqué et l'autre pas assez.

D'une part

- Tendance à faire confiance à son intuition, décisions prises sans prendre le temps de réfléchir, d'une façon intuitive, instinctive.
- Peur de la solitude, peu de lecture.

D'autre part

- Trop réfléchi(e), trop de réflexion et d'analyse qui bloquent l'action, mentalisation, secret, méditation, solitude, non communication.
- Travail intellectuel intense, écriture, lecture, enseignement, apprentissage.
- Rectitude morale, moralité.

Conclusion

Ces interprétations montrent le potentiel de la personne si les lettres **G, P, Y** sont **absentes** de son *identité*. **Dans l'exemple de Charlotte DUVAL-ROUSSEAU**, le chiffre **7** est **absent**, ce qui signifie qu'elle peut soit écouter son intuition pour agir plus vite, soit se lancer dans de grandes réflexions pour se rassurer avant d'agir, au risque de bloquer les décisions à prendre.

L'absence de 7 est une leçon de vie. La personne a tendance, soit à trouver rapidement des solutions aux problèmes rencontrés, soit n'arrive pas à se décider sur l'action parfaite à mener parce qu'elle va se perdre dans ses analyses et envisager trop de solutions possibles avant d'agir.

Si le **nombre actif** (total des lettres du *prénom*) est un **7 absent** (n'ayant donc aucune des lettres G, P, Y) ou si le **nombre d'expression** (total des lettres de son *identité*) est un **7 absent**, on peut dire que c'est une personne qui fournit un travail intellectuel intense, au risque de se compliquer la vie, ou qui accepte d'écouter la petite voix de son intuition pour se faciliter la vie.

- **Potentiel professionnel si le nombre d'expression est un 7 absent :** cette personne peut exercer, soit des métiers intellectuels qui se déroulent dans la solitude, soit des métiers qui lui permettront d'utiliser une réactivité immédiate, guidée par son intuition et par son instinct.
- **Potentiel relationnel et amoureux si le nombre d'expression est un 7 absent :** la personne peut avoir dans son couple un comportement où alternent les moments de gaieté et les moments de mutisme inexplicable. Difficile à supporter sur le long terme dans le cadre d'une relation amoureuse !

Maintenant, revenez à vos propres exemples pour mettre des interprétations sur vos calculs.

8

Les interprétations du 8

Le **8** est représenté par les lettres **H, Q, Z**. Étant pair, il **est associé à la valeur féminine et à la Mère.** Là encore, pour dire que le **8** est **absent** ou **présent**, nous ne tiendrons compte que de la case **8** de l'Étoile de Vénus : si elle est occupée par un chiffre, nous dirons que **le 8 est présent**. Sinon, **le 8 est absent**. Nous ne nous intéressons qu'à cette case pour déterminer la notion de présence ou d'absence du **8**. En effet, il peut y avoir des 8 dans les autres cases de l'Étoile de Vénus mais ceux-là n'entrent pas en compte pour répondre à la notion du 8 présent ou absent. Nous verrons plus tard leur interprétation.

Significations du 8 présent dans l'identité de la personne en se rapportant à son Étoile de Vénus

→ **C'est-à-dire si la case 8 de l'Étoile de Vénus est occupée par un chiffre.**

- Ambition, réussite, stratégie, témérité en affaires, besoin d'être reconnu(e).
- Autorité, courage, intelligence, énergie combative, force de caractère.
- Recherche et développement de projets (lucratifs, de préférence).

- Possibilité de faire face aux tracas financiers.

Ces interprétations démontrent le potentiel de la personne si les lettres H, Q, Z sont présentes dans son identité. **Dans l'exemple de Charlotte DUVAL-ROUSSEAU,** le chiffre 8 est représenté 1 fois par la lettre H, ce qui ne la met pas à l'abri de tracas financiers mais qui lui donne la possibilité de les surmonter même au dernier moment. **Dans l'exemple de Julien PERIN,** le chiffre 8 est absent. Nous en verrons la signification dans l'interprétation du 8 Absent.

Si le **nombre actif** (total des lettres du *prénom*) est un **8 présent** (ayant donc l'une des lettres H, Q, Z) ou si le **nombre d'expression** (total des lettres de son *identité*) est un **8 présent**, on peut dire que cette personne éprouve un besoin de réussir financièrement dans la vie et qu'elle aura toujours les moyens de s'en sortir sur le plan financier.

- **Potentiel professionnel si le nombre d'expression est un 8 présent :** la personne est à l'aise dans un métier en rapport avec les finances, la gestion et qui demande de la stratégie.
- **Potentiel relationnel et amoureux si le nombre d'expression est un 8 présent :** cette personne plutôt accaparée par sa réussite, communique difficilement sur le plan affectif, car comme dit le proverbe : « En affaires, on ne fait pas de sentiments ! »

Significations du 8 absent dans l'identité de la personne en se rapportant à son Étoile de Vénus

→ C'est-à-dire si la case 8 de l'Étoile de Vénus est vide.

Ne connaissant pas le sens exact idéal du 8, la personne peut avoir deux comportements qui peuvent cohabiter, l'un pouvant être trop marqué et l'autre pas assez.

D'une part

- Difficultés face aux tracas financiers, découragement, pulsions dépensières, nécessité d'être une fourmi.
- Ambition accrue, stratégie, réussite fragile, besoin d'être reconnu(e) pour ses moments de réussite.
- Autorité, manque de tolérance, courage, intelligence, energie combative, force de caractère.
- Recherche et développement de projets soi-disant lucratifs quitte à prendre des risques, témérité en affaires, spéculations, faillite, ruine.

D'autre part

- Ambition, course à la réussite, stratégie, témérité en affaires, besoin d'être reconnu(e).
- autorité, courage, intelligence, energie combative, force de caractère, besoin de dominer, envie de pouvoir.
- recherche et développement de projets lucratifs (de préférence), absence de générosité financière.
- Possibilité de faire face aux tracas financiers.

Conclusion

Ces interprétations montrent le potentiel de la personne si les lettres **H**, **Q**, **Z** sont **absentes** de son *identité*. **Dans l'exemple de Julien PERIN,** le chiffre **8** est absent, ce qui veut dire que dans le domaine financier, il doit surtout se conduire comme une fourmi plutôt que se laisser tenter par des dépenses. L'absence de 8 est une leçon de vie. Si le destin l'y oblige, la personne a besoin de se surpasser pour s'en sortir matériellement et financièrement, en ayant toujours l'impression de ramer, de remonter à contre-courant une rivière afin de trouver l'argent nécessaire pour couvrir ses besoins.

Si le **nombre actif** (total des lettres du *prénom*) est un **8 absent** (n'ayant donc aucune des lettres H, Q, Z) ou si le **nombre d'expression** (total des lettres de son *identité*) est un **8 absent**, on peut dire que c'est une personne qui n'est pas insensible à une meilleure évolution matérielle et financière mais qui, pour cela, doit d'abord être une fourmi avant de se faire cigale.

- **Potentiel professionnel si le nombre d'expression est un 8 absent :** malgré les difficultés, cette personne peut vouloir exercer des métiers en rapport avec la finance, ou des métiers qui lui apporteraient de meilleures conditions matérielles dans la vie.
- **Potentiel relationnel et amoureux si le nombre d'expression est un 8 absent :** obsédée par la réussite matérielle, soit par nécessité, soit pour développer une situation déjà favorable, la personne n'a pas toujours un comportement affectif et compréhensif dans son couple. Cet autoritarisme peut influencer la durée de cette relation.

Maintenant, revenez à vos propres exemples pour mettre des interprétations sur vos calculs.

9

Les interprétations du 9

Le **9** est représenté par les lettres **I, R**. Étant impair, il est **associé à la valeur masculine et au Père.** Là encore, pour dire que le **9** est **absent** ou **présent**, nous ne tiendrons compte que de la case **9** de l'Étoile de Vénus : si elle est occupée par un chiffre, nous dirons que **le 9 est présent**. Sinon, **le 9 est absent**. Nous ne nous intéressons qu'à cette case pour déterminer la notion de présence ou d'absence du 9. En effet, il peut y avoir des 9 dans les autres cases de l'Étoile de Vénus mais ceux-là n'entrent pas en compte pour répondre à la notion du **9 présent ou absent**. Nous verrons plus tard leur interprétation.

Significations du 9 présent dans l'identité de la personne en se rapportant à son Étoile de Vénus

→ C'est-à-dire si la case 9 de l'Étoile de Vénus est occupée par un chiffre.

- Idéalisme, générosité du coeur, compassion, humanisme, altruisme, oubli de soi en faveur des autres ou d'une idéologie, justice sociale.
- Peur de l'abandon, peur d'abandonner, de quitter.
- Éloignement, voyages lointains, attrait pour l'étranger.
- Mal-être dans les limites du quotidien, distance avec les autres pour se protéger, détachement.

- Symbole de la fin, de ce qui ne dure pas.

Ces interprétations montrent le potentiel de la personne si les lettres I, R sont présentes dans son identité. **Dans l'exemple de Charlotte Duval-Rousseau,** le chiffre 9 est représenté 2 fois par le R, ce qui en fait une idéaliste qui rêve de vivre dans un monde où tous les gens seraient conformes à ses idéaux. **Dans l'exemple de Julien PERIN,** le chiffre 9 est représenté 1 fois par la lettre R et 2 fois par la lettre I, ce qui comme Charlotte, en fait un idéaliste qui rêve d'un monde plus humain.

Si le **nombre actif** (total des lettres du *prénom*) est un **9 présent** (ayant donc l'une des lettres I, R) ou si le **nombre d'expression** (total des lettres de son *identité*) est un **9 présent**, on peut dire que cette personne éprouve de la compassion envers la souffrance des autres et qu'elle ressent une peur de l'abandon.

- **Potentiel professionnel si le nombre d'expression est un 9 présent :** la personne est à l'aise dans une carrière sociale, soignante, charitable, humanitaire ou de justice pour défendre les plus faibles. Elle peut aussi être attirée par les métiers de l'informatique.
- **Potentiel relationnel et amoureux si le nombre d'expression est un 9 présent :** cette personne obnubilée par tout ce qu'elle peut faire pour les autres a tendance à s'oublier et fait passer sa vie sentimentale au deuxième rang de ses préoccupations.

Significations du 9 absent dans l'identité de la personne en se rapportant à son Étoile de Vénus

→ C'est-à-dire si la case 9 de l'Étoile de Vénus est vide.

Ne connaissant pas le sens exact idéal du 9, la personne peut avoir deux comportements qui peuvent cohabiter, l'un pouvant être trop marqué et l'autre pas assez.

D'une part

- Détachement, indifférence, manque d'intérêt pour les autres, peu de compassion, insensibilité, égoïsme.
- Peur de ce qui vient de l'étranger.

D'autre part

- Trop grande générosité de cœur, grande compassion, grand investissement personnel dans la défense des autres ou d'une idéologie, combat pour une justice sociale.
- Peur constante de l'abandon, de se trouver dans l'obligation de quitter quelqu'un.
- Fuite dans l'éloignement à cause d'un mal-être dans les limites du quotidien, grande envie de voyages lointains, très grande attirance pour l'étranger.

Ces interprétations montrent le potentiel de la personne si les lettres I, R sont absentes de son identité.

Conclusion

Ces interprétations montrent le potentiel de la personne si les lettres **I** et **R** sont **absentes** de son *identité*. L'absence de 9 est une leçon de vie. La personne peut soit manquer d'intérêt et de compassion pour les autres, soit s'oublier complètement pour s'attaquer par tous les moyens à ce qu'elle considère comme une injustice.

Si le **nombre actif** (total des lettres du *prénom*) est un **9 absent** (n'ayant donc aucune des lettres I, R) ou si le **nombre d'expression** (total des lettres de son *identité*) est un **9 absent**, on peut dire que c'est une personne qui, malgré la distance qu'elle peut mettre avec les autres, souffre de la peur d'être abandonnée.

- **Potentiel professionnel si le nombre d'expression est un 9 absent :** malgré les difficultés, cette personne peut s'investir dans une carrière sociale, humanitaire ou de justice pour défendre les plus faibles.
- **Potentiel relationnel et amoureux si le nombre d'expression est un 9 absent :** la personne, peu concernée par les autres, peut paraître froide dans sa relation tout en ayant peur de la solitude et de l'abandon.

Maintenant, revenez à vos propres exemples pour mettre des interprétations sur vos calculs.

11

Les interprétations du 11

Le **11** est représenté par la lettre **K.** C'est un **Maître-Nombre** qui, comme on l'a vu précédemment, ne peut être réduit à 2, excepté dans le calcul de la durée de la première partie de vie, comme nous l'avons précédemment vu dans la partie dédiée aux calculs, quand le **chemin de vie** est 11. Il n'est associé ni à la valeur masculine ni à la valeur féminine et ne se rapporte donc ni à la Mère ni au Père.

Dans certains cas, **le 11 est associé à la notion de Vieille Âme**. Là encore, pour dire que le **11** est **absent** ou **présent**, nous ne tiendrons compte que de la case **11** de l'Étoile de Vénus : si elle est occupée par un chiffre, nous dirons que **le 11 est présent**. Sinon, **le 11 est absent.** Nous ne nous intéressons qu'à cette case pour déterminer la notion de présence ou d'absence du 11. Dans le cas du 11, il ne peut y avoir de 11 dans les autres cases de l'Étoile de Vénus.

Significations du 11 présent dans l'identité de la personne en se rapportant à son Étoile de Vénus

→ C'est-à-dire si la case 11 de l'Étoile de Vénus est occupée par un chiffre

- Utopie, illusions, rêves, à l'écoute du chant des sirènes, difficultés à coller à la réalité du monde, projets souvent irréalistes.
- Tendance à se sentir meilleur(e), supérieur(e) aux autres, idées de grandeur, égocentrisme, difficultés à faire des concessions.
- Intuition, attrait pour l'ésotérisme, la spiritualité, la médiumnité, présence de dons enfouis.
- Grande nervosité, forte énergie.

Ces interprétations montrent le potentiel de la personne si la lettre **K** est **présente** dans son *identité*. **Dans les exemples de Charlotte Duval-Rousseau et de Julien PERIN,** la case des 11 est vide. Nous en verrons plus loin la signification dans l'interprétation du 11 Absent.

Si le **nombre actif** (total des lettres du *prénom*) est un **11 présent** (ayant donc la lettre **K**) ou si le **nombre d'expression** (total des lettres de son *identité*) est un **11 présent**, on peut dire que cette personne fait souvent des projets irréalisables pour se donner l'illusion d'être la meilleure et satisfaire son ego.

- **Potentiel professionnel si le nombre d'expression est un 11 présent :** animée par ses idées de grandeur et par son ego, la personne est souvent en conflit avec ses supérieurs, au risque de passer à côté de plans de carrière intéressants qui lui demanderaient plus d'humilité. Si elle se met à son compte, ses affaires n'auront pas l'ampleur qu'elle prévoyait.

- **Potentiel relationnel et amoureux si le nombre d'expression est un 11 présent :** en constante ébullition nerveusement, cette personne est difficile à vivre et souvent à l'origine de tension dans son couple.

Significations du 11 absent dans l'identité de la personne en se rapportant à son Étoile de Vénus
→ C'est-à-dire si la case 11 de l'Étoile de Vénus est vide.
Ne connaissant pas le sens exact idéal du 11, la personne peut avoir deux comportements qui peuvent cohabiter, l'un pouvant être trop marqué et l'autre pas assez.

D'une part

- Intuition développée, attrait insoupçonné pour l'ésotérisme, la spiritualité, présence de dons enfouis et ignorés.
- Forte tendance à l'utopie, aux rêves, constantes attirances pour des projets souvent irréalisables.
- Grandes difficultés à coller à la réalité, idées de grandeur, difficultés à faire des concessions.

D'autre part

- Intuition plus ou moins développée, peur de l'ésotérisme, distance vis-à-vis de la spiritualité, de la médiumnité,
- Utopie, illusions, rêves, difficultés à coller à la réalité du monde.
- Beaucoup de nervosité

Conclusion
Ces interprétations montrent le potentiel de la personne si la lettre **K** est **absente** de son *identité*. **Dans les exemples de Charlotte Duval-Rousseau et de Julien PERIN,** la case des

11 est vide. Cette absence de 11 est une leçon de vie. Ils peuvent avoir plus ou moins d'intuition et un intérêt plus ou moins marqué pour tout ce qui est ésotérique.

Si le **nombre actif** (total des lettres du *prénom*) est un **11 absent** (n'ayant donc pas la lettre K) ou si le **nombre d'expression** (total des lettres de son *identité*) est un **11 absent**, on peut dire que c'est une personne toujours prête à s'engager dans un projet dont l'issue ne sera pas toujours satisfaisante.

- **Potentiel professionnel si le nombre d'expression est un 11 absent :** compte tenu des difficultés, cette personne doit être prudente sur ses objectifs professionnels, car elle ne sera jamais satisfaite de son emploi si elle n'est pas considérée comme la meilleure.
- **Potentiel relationnel et amoureux si le nombre d'expression est un 11 absent :** dans certains cas, la personne peut être très nerveuse, comme sous tension. Elle est alors à l'origine de conflits dans son couple.

Maintenant, arrêtez-vous un instant pour mettre des interprétations sur les calculs de vos propres exemples.

22

Les interprétations du 22

Le **22** est représenté par la lettre V. C'est un **Maître-Nombre** qui, comme on l'a vu précédemment, ne peut être réduit à 4, excepté dans le calcul de la première partie de vie quand le **chemin de vie** est **22**. Comme le 11, il n'est associé ni à la valeur masculine ni à la valeur féminine et ne se rapporte donc ni à la Mère ni au Père. Dans certains cas, le 22 est aussi associé à la notion de **Vieille Âme**. Là encore, pour dire que le **22** est **absent** ou **présent**, nous ne tiendrons compte que de la case **22** de l'Étoile de Vénus : si elle est occupée par un chiffre, nous dirons que **le 22 est présent**. Sinon, **le 22 est absent**. Nous ne nous intéressons qu'à cette case pour déterminer la notion de présence ou d'absence du **22**.

Significations du 22 présent dans l'identité de la personne en se rapportant à son Étoile de Vénus

→ C'est-à-dire si la case 22 de l'Étoile de Vénus est occupée par un chiffre.

- Réalisations d'envergure, vision large des choses, importante créativité, génie.
- Forte volonté, défis, exigences difficiles à supporter par les autres, combativité.

- Attrait pour l'ésotérisme et les sciences occultes.
- Forte énergie, grande nervosité.

Ces interprétations montrent le potentiel de la personne si la lettre **V** est présente dans son *identité*. **Dans l'exemple de Charlotte Duval-Rousseau,** le nombre 22 est représenté 1 fois par la lettre V. Ce qui veut dire qu'elle est dotée d'une très forte énergie qui lui permet de rebondir si elle doit faire face à de gros problèmes. **Quant à Julien PERIN, le nombre 22 est absent de son Étoile de Vénus.** Nous en verrons plus loin la signification dans les interprétations du 22 absent.

Si le **nombre actif** (total des lettres du *prénom*) est un **22 présent** (ayant donc la lettre V) ou si le **nombre d'expression** (total des lettres de son *identité*) est un **22 présent**, on peut dire que cette personne se sent à l'étroit dans les limites du quotidien parce qu'elle se sent capable de faire des réalisations d'envergure.

- **Potentiel professionnel si le nombre d'expression est un 22 présent :** animée par ses idées d'une forte motivation, cette personne a la capacité de se lancer et de réaliser des projets ambitieux en tant qu'architecte, promoteur, bâtisseur. Elle peut aussi être attirée par les professions concernant l'ésotérisme.
- **Potentiel relationnel et amoureux si le nombre d'expression est un 22 présent :** en constante ébullition nerveusement, cette personne est difficile à vivre et souvent à l'origine de tension dans son couple.

Significations du 22 absent dans l'identité de la personne en se rapportant à son Étoile de Vénus

→ C'est-à-dire si la case 22 de l'Étoile de Vénus est vide.

Ne connaissant pas le sens exact, idéal du 22, la personne peut avoir deux comportements qui peuvent cohabiter, l'un pouvant être trop marqué et l'autre pas assez.

D'une part

- Envie de réalisations d'envergure, vision large des choses, importante créativité, génie.
- Forte volonté, défis, exigences difficiles à supporter par les autres, combativité.
- Attrait pour l'ésotérisme et les sciences occultes pour y faire de grandes choses.
- Forte énergie, grande nervosité.

D'autre part

- Intuition plus ou moins développée, peur de l'ésotérisme et des sciences occultes, indifférence vis-à-vis de la spiritualité, de la médiumnité.
- Génie qui a du mal s'exprimer, envie de faire des réalisations d'envergure mais devant l'impossibilité de les concrétiser va vivre ce 22 sous la vibration du 4 avec une certaine frustration, orgueil.
- Déprime, dépravation, illégalité, drogues, addictions.

Conclusion

Ces interprétations montrent le potentiel de la personne si la lettre **V** est **absente** de son *identité*. **Dans l'exemple de Julien PERIN,** l'absence de 22 est une leçon de vie. Il peut être attiré par l'ésotérisme ou des sciences occultes et, en même temps, s'en méfier. Il peut aussi connaître des moments de déprime suivis de moments d'euphorie.

Si le **nombre actif** (total des lettres du *prénom*) est un **22 absent** (n'ayant donc pas la lettre V) ou si le **nombre d'expression** (total des lettres de son *identité*) est un **22 absent**, on peut dire que c'est une personne toujours prête à réaliser de grands projets malgré les difficultés pour aller jusqu'au bout.

- **Potentiel professionnel si le nombre d'expression est un 22 absent :** ne désirant faire que de grandes choses, cette personne, face aux difficultés rencontrées, va passer par des phases de déprime et rejeter tout son potentiel créatif. Ce qui peut compliquer une stabilité professionnelle.
- **Potentiel relationnel et amoureux si le nombre d'expression est un 22 absent :** dans certains cas, la personne peut être nerveuse, comme sous tension. Difficile à supporter, elle est alors à l'origine de conflits dans son couple.

Maintenant, arrêtez-vous un instant pour mettre des interprétations sur les calculs de vos propres exemples.

L'Étoile de Vénus

Depuis le temps que nous évoquons l'**Étoile de Vénus** et le rôle qu'elle joue dans l'interprétation des **nombres présents** ou des **nombres absents**, nous allons maintenant étudier **les interprétations de l'Étoile de Vénus** ! Certains numérologues l'appellent d'un nom barbare, **l'inclusion**, mais notre côté fleur bleue nous a fait rejoindre les numérologues qui utilisent le terme d'**Étoile de Vénus**.

Pour l'étude d'une **Étoile de Vénus**, rien de plus simple que de prendre celle des exemples choisis et présentés dans les pages précédentes.

EXEMPLE 1

Étoile de Vénus de Charlotte Duval Rousseau

La première approche que nous en avons eu est la suivante.

Case des 1 5	Case des 2 2	Case des 3 6	
Case des 4 1	Case des 5 2	Case des 6 2	Case des 11 0
Case des 7 0	Case des 8 1	Case des 9 2	Case des 22 1

La dernière présentation, après les calculs auxquels nous avons procédé, a été la suivante.

Case des 1 5(diff. 4)	Case des 2 2	Case des 3 6 (diff. 3)	
Case des 4 1 (diff. 3)	Case des 5 2 (diff. 3)	Case des 6 2 (diff. 4)	Case des 11 0
Case des 7 0	Case des 8 1 (diff. 7)	Case des 9 2 (diff. 7)	Case des 22 1 (diff. 21=3)

Mais avant de passer aux interprétations de l'Étoile de Vénus, nous devons vous rappeler des règles immuables.

1 • La signification de chaque case

- La case des **1** parle de **la façon dont est perçue la personne.**
- La case des **2** parle de **son potentiel de diplomatie, de partage et de son besoin affectif.**
- La case des **3** parle de **son potentiel relationnel, amical et de créativité.**
- La case des 4 parle de **son potentiel face au travail, à l'effort et à la rigueur.**
- La case des **5** parle de **son potentiel d'adaptation face aux changements et aux voyages.**
- La case des 6 parle de **son potentiel face aux responsabilités et à son foyer.**
- La case des **7** parle de **son potentiel de réflexion et du partage de ses idées.**
- La case des **8** parle de **son potentiel d'ambition et d'argent.**
- La case des **9** parle de **son potentiel de compassion et d'intérêt porté aux autres.**
- La case des **11** parle de **son potentiel intuitif.**
- La case des **22** parle de **son potentiel à faire de grandes réalisations.**

2 • L'interprétation des chiffres qui apparaissent dans chaque case

En effet, le potentiel que renferme chaque case est analysé par le chiffre qui y figure. Alors, si dans une case vous avez un :

- 0, cela signifie que c'est une leçon à apprendre.

- 1, cela signifie que nous parlons de la personne dont on fait le thème.
- 2, cela signifie que la personne va accepter de collaborer par diplomatie, pour combler son besoin affectif.
- 3, cela signifie que la personne a un comportement amical, a envie de passer du bon temps, a de la créativité.
- 4, cela signifie que la personne a de la rigueur, de l'organisation, des principes.
- 5, cela signifie que la personne est fantaisiste, très mobile, libre d'agir à sa guise.
- 6, cela signifie que la personne se sent responsable dans de nombreux domaines (foyer, esthétisme, animaux, santé).
- 7, cela signifie que la personne doit se poser et réfléchir.
- 8, cela signifie que la personne est ambitieuse, autoritaire, parle d'argent.
- 9, cela signifie que la personne idéaliste parle de compassion ou sait mettre de la distance entre elle et les autres.

3 • L'interprétation des différentiels qui apparaissent dans certaines cases

Un **différentiel** est, rappelons-le, la différence entre deux chiffres présents dans une case. Il permet de répondre à la question « Pourquoi ? » ou « Comment ? ».

- Si le **différentiel** est 0, cela veut dire que les deux chiffres sont en harmonie.
- Si le **différentiel** est 1, il répond « Pour rester maître de la situation ».
- Si le **différentiel** est 2, il répond selon le cas « Par besoin affectif » ou « En montrant de la diplomatie ».

- Si le **différentiel** est 3, il répond « Pour se faire des amis » ou « Pour passer du bon temps ».
- Si le **différentiel** est 4, il répond « Avec de l'organisation » ou « Selon ses principes ».
- Si le **différentiel** est 5, il répond « Pour préserver sa liberté d'action » ou « Pour préserver ses choix ».
- Si le **différentiel** est 6, il répond « En montrant son sens des responsabilités ».
- Si le **différentiel** est 7, il répond « En prenant le temps de réfléchir ».
- Si le **différentiel** est 8, il répond « Au moyen de l'argent ».
- Si le **différentiel** est 9, il répond « En montrant tout son intérêt pour les autres ».
- Il n'y a pas de **différentiel** 11 ni 22.

Maintenant, arrêtez-vous un instant pour mettre des interprétations sur les **différentiels** de vos propres exemples.

Le premier message de nos Anges

Maintenant que nous avons présenté les interprétations des chiffres et des nombres pour nous lancer dans **l'étude du caractère**, nous allons revenir un instant sur l'interprétation du 1 dans l'analyse de ce caractère grâce à des précisions apportées par notre Ange. Voici l'histoire : alors que nous n'étions pas satisfaits de la justesse de certaines de nos interprétations, nous avons reçu ce message de nos Anges.

« *Dans l'étude du caractère, chaque fois que vous rencontrerez un 1, n'oubliez pas de le rapprocher du chiffre du nombre d'expression qu'il rejoint dans son interprétation.* »

Ce que cela signifie : dans l'analyse de l'Étoile de Vénus, chaque fois qu'il y a un 1 dans une case ou comme **différentiel**, il faut coller à ce 1 (qui parle de la personne dont nous étudions le thème), le **nombre d'expression** et son interprétation. Cela donne un éclairage plus précis sur le **caractère** de la personne. Nous l'écrirons ainsi :

1 / nombre d'expression

Si le nombre d'expression de la personne que vous étudiez est le 4, et que vous tombez sur un 1 dans une case du tableau de l'Étoile de Vénus, vous lirez l'interprétation écrite sous cette forme : 1/4.

Et nous l'interprèterons ainsi : « La personne est une décideuse (1) dotée d'un potentiel d'organisation (4) en tenant compte du fait que le chiffre du **nombre d'expression** soit présent ou non dans l'Étoile de Vénus.

Vous trouverez ci-dessous, les interprétations complètes et précises de toutes les possibilités d'interprétations à chaque fois que vous trouverez un 1, que vous rapprocherez de la vibration du nombre d'expression.

- Interprétation du **1 / 1 quand le nombre d'expression est 1 et que la case 1 est occupée** : cette personne se présente comme une décideuse (1 présent) dotée d'une forte volonté (1 présent).
- Interprétation du **1 / 1 quand le nombre d'expression est 1 et la case 1 est vide** : cette personne influençable (1 absent) est pourtant dotée d'une certaine volonté de s'imposer (1 absent).

- Interprétation du **1 / 2 quand le nombre d'expression est 2 et que les cases 1 et 2 sont occupées** : cette personne se présente comme une décideuse (1 présent) dotée d'un potentiel de diplomatie (2 présent).
- Interprétation du **1 / 2 quand le nombre d'expression est 2 et que les cases 1 et 2 sont vides :** cette personne influençable (1 absent) est aussi marquée par un manque de diplomatie et un grand besoin affectif (2 absent).
- Interprétation du **1 / 2 quand le nombre d'expression est 2 et que la case des 1 est occupée tandis que celle des 2 est vide :** cette personne se présente comme une décideuse (1 présent) marquée par un manque de diplomatie et un grand besoin affectif (2 absent).
- Interprétation du **1 / 2 quand le nombre d'expression est 2 et que la case des 1 est vide tandis que celle des 2 est occupée :** cette personne influençable (1 absent) est dotée d'un potentiel de diplomatie (2 présent).

- Interprétation du **1 / 3 quand le nombre d'expression est 3 et les cases 1 et 3 sont occupées :** cette personne se présente comme une décideuse (1 présent) dotée d'un potentiel relationnel et amical (3 présent).
- Interprétation du **1 / 3 quand le nombre d'expression est 3 et les cases 1 et 3 sont vides :** cette personne influençable (1 absent) est mal à l'aise dans ses rapports avec les autres (3 absent).

- Interprétation du **1 / 3 quand le nombre d'expression est 3 et la case des 1 est occupée tandis que celle des 3 est vide :** cette personne se présente comme une décideuse (1 présent) est mal à l'aise dans ses rapports avec les autres (3 absent).
- **Interprétation du 1 / 3 quand le nombre d'expression est 3 et la case des 1 est vide tandis que celle des 3 est occupée :** cette personne influençable (1 absent) est dotée d'un potentiel relationnel et amical (3 présent).

- Interprétation du **1 / 4 quand le nombre d'expression est 4 et les cases des 1 et des 4 sont occupées :** cette personne se présente comme une décideuse (1 présent) dotée d'un sens de l'organisation rigoureux (4 présent).
- Interprétation du **1 / 4 quand le nombre d'expression est 4 et les cases des 1 et des 4 sont vides :** cette personne influençable (1 absent) est dotée de principes et d'un sens de l'organisation très personnels (4 absent).
- Interprétation du **1 / 4 quand le nombre d'expression est 4 et la case des 1 est occupée tandis que celle des 4 est vide :** cette personne se présente comme une décideuse (1 présent) dotée de principes et d'un sens de l'organisation très personnels (4 absent).
- Interprétation du **1 / 4 quand le nombre d'expression est 4 et la case des 1 est vide tandis que celle des 4 est occupée :** cette personne influençable (1 absent) est dotée d'un sens de l'organisation rigoureux (4 présent).

- Interprétation du **1 / 5 quand le nombre d'expression est 5 et les cases des 1 et des 5 sont occupées :** cette personne se présente comme une décideuse (1 présent) dotée d'un besoin de liberté bien marqué (5 présent).
- Interprétation du **1 / 5 quand le nombre d'expression est 5 et les cases des 1 et des 5 sont vides :** cette personne influençable (1 absent) est dotée d'un besoin de liberté mal exprimé (5 absent).
- Interprétation du **1 / 5 quand le nombre d'expression est 5 et la case des 1 est occupée tandis que la case des 5 est vide :** cette personne se présente comme une décideuse (1 présent) dotée d'un besoin de liberté mal exprimé (5 absent).
- Interprétation du **1 / 5 quand le nombre d'expression est 5 et la case des 1 est vide tandis que la case des 5 est occupée :** cette personne influençable (1 absent) est dotée d'un besoin de liberté bien marqué (5 présent).

- Interprétation du **1 / 6 quand le nombre d'expression est 6 et les cases des 1 et des 6 sont occupées :** cette personne se présente comme une décideuse (1 présent) dotée d'un sens inné des responsabilités (6 présent).
- Interprétation du **1 / 6 quand le nombre d'expression est 6 et les cases des 1 et des 6 sont vides :** cette personne influençable (1 absent) est dotée d'un besoin incontrôlé de responsabilités (6 absent) difficile à vivre.

- Interprétation du **1 / 6 quand le nombre d'expression est 6 et la case 1 est occupée tandis que la case des 6 est vide :** cette personne se présente comme une décideuse (1 présent) dotée d'un besoin incontrôlé de responsabilités (6 absent) difficile à vivre.
- Interprétation du **1 / 6 quand le nombre d'expression est 6 et la case 1 est vide tandis que la case des 6 est occupée :** cette personne influençable (1 absent) est dotée d'un sens inné des responsabilités (6 présent).

- Interprétation **du 1 / 7 quand le nombre d'expression est 7 et les cases des 1 et des 7 sont occupées :** cette personne se présente comme une décideuse (1 présent) dotée d'un bon sens de réflexion (7 présent).
- Interprétation du **1 / 7 quand le nombre d'expression est 7 et les cases des 1 et des 7 sont vides :** cette personne influençable (1 absent) est dotée d'une réflexion parfois profonde, parfois proche de l'instinct, de l'intuition (7 absent).
- Interprétation du **1 / 7 quand le nombre d'expression est 7 et la case des 1 est occupée tandis que la case des 7 est vide :** cette personne se présente comme une décideuse (1 présent) dotée d'une réflexion parfois profonde, parfois proche de l'instinct, de l'intuition (7 absent).

- Interprétation du **1 / 7 quand le nombre d'expression est 7 et la case des 1 est vide tandis que la case des 7 est occupée :** cette personne influençable (1 absent) est dotée d'un bon sens de réflexion (7 présent).

- Interprétation du **1 / 8 quand le nombre d'expression est 8 et les cases 1 et 8 sont occupées :** cette personne se présente comme une décideuse (1 présent) dotée d'une ambition et d'un besoin de réussite matérielle (8 présent).
- Interprétation du **1 / 8 quand le nombre d'expression est 8 et les cases 1 et 8 sont vides :** cette personne influençable (1 absent) est dotée d'une ambition à risques (8 absent).
- Interprétation du **1 / 8 quand le nombre d'expression est 8 et la case des 1 est occupée tandis que la case des 8 est vide :** cette personne se présente comme une décideuse (1 présent) dotée d'une ambition à risques (8 absent).
- Interprétation du **1 / 8 quand le nombre d'expression est 8 et la case des 1 est vide tandis que la case des 8 est occupée :** cette personne influençable (1 absent) est dotée d'une ambition et d'un besoin de réussite matérielle (8 présent).

- Interprétation du **1 / 9 quand le nombre d'expression est 9 et les cases 1 et 9 sont occupées :** cette personne se présente comme une décideuse (1 présent) dotée d'un fort idéalisme qui la fait rêver à un Monde meilleur (9 présent).

- Interprétation du **1 / 9 quand le nombre d'expression est 9 et les cases 1 et 9 sont vides :** cette personne influençable (1 absent) est dotée d'un besoin de se couper du monde avec un grand détachement (9 absent).
- Interprétation du **1 / 9 quand le nombre d'expression est 9 et la case des 1 est occupée tandis que la case des 9 est vide :** cette personne se présente comme une décideuse (1 présent) dotée d'un besoin de se couper du monde avec un grand détachement (9 absent).
- Interprétation du **1 / 9 quand le nombre d'expression est 9 et la case des 1 est vide tandis que la case des 9 est occupée :** cette personne influençable (1 absent) est une idéaliste qui rêve d'un Monde meilleur (9 présent).

- Interprétation du **1 / 11 quand le nombre d'expression est 11 et les cases 1 et 11 sont occupées :** cette personne se présente comme une décideuse (1 présent) dotée d'une certaine intuition pour échafauder des projets utopiques (11 présent).
- Interprétation du **1 / 11 quand le nombre d'expression est 11 et les cases 1 et 11 sont vides** : cette personne influençable (1 absent) est dotée d'un potentiel instinctif (11 absent).
- Interprétation du **1 / 11 quand le nombre d'expression est 11 et la case des 1 est occupée tandis que la case des 11 est vide :** cette personne se présente comme une décideuse (1 présent) dotée d'un potentiel instinctif (11 absent).

- Interprétation du **1 / 11 quand le nombre d'expression est 11 et la case des 1 est vide tandis que la case des 11 est occupée :** cette personne se présente comme une décideuse influençable (1 absent) dotée d'une certaine intuition pour échafauder des projets utopiques (11 présent).

- Interprétation du **1 / 22 quand le nombre d'expression est 22 et les cases 1 et 22 sont occupées :** cette personne se présente comme une décideuse (1 présent) dotée d'un potentiel créatif (22 présent).
- Interprétation du **1 / 22 quand le nombre d'expression est 22 et les cases 1 et 22 sont vides :** cette personne influençable (1 absent) se trouve limitée face à des projets de grande envergure (22 absent).
- Interprétation du **1 / 22 quand le nombre d'expression est 22 et la case des 1 est occupée tandis que la case des 22 est vide :** cette personne se présente comme une décideuse (1 présent) qui se trouve limitée face à des projets de grande envergure (22 absent).
- Interprétation du **1 / 22 quand le nombre d'expression est 22 et les cases des 1 est vide et la case des 22 est occupée :** cette personne se présente comme une décideuse influençable (1 absent) dotée d'un fort potentiel créatif (22 présent).

Influences de ce premier message de nos Anges sur les interprétations de l'Étoile de Vénus

EXEMPLE 1

Reprenons l'étude de l'Étoile de Vénus de Charlotte Duval-Rousseau.

Appliquons ce que nous a dit notre Ange, c'est-à-dire que **nous allons rapprocher son nombre d'expression 11 absent avec tous les 1 qui y figurent.** Son Étoile de Vénus devient :

Case des 1 5(diff. 4)	Case des 2 2	Case des 3 6 (diff. 3)	
Case des 4 1/11 (diff. 3)	Case des 5 2 (diff. 3)	Case des 6 2 (diff. 4)	Case des 11 0
Case des 7 0	Case des 8 1 /11 (diff. 7)	Case des 9 2 (diff. 7)	Case des 22 1/11 (diff. 21=3)

Avec tous ces éléments que nous venons d'approfondir, vous allez pouvoir explorer en profondeur le caractère d'une personne. Pour cela, lorsque vous passerez de case en case, vous devrez utiliser uniquement la phrase clé qui suit :

« Dans la case….
Qui analyse le potentiel… de la personne
Il y a un chiffre qui parle de…
Ce qui veut dire que cette personne est
(si le chiffre est présent) : …
Doit apprendre (si le chiffre est absent) : …
Pourquoi ? Comment ? »

EXEMPLE 1

→ Interprétation de la case 1 de l'Étoile de Vénus de Charlotte

Case des 1
5 (diff. 4)

Dans la case 1 :

- **qui parle de la façon dont est perçue** Charlotte ;
- **il y a un chiffre** (5) **qui parle** d'ouverture d'esprit, de liberté, de mobilité ;
- **ce qui veut dire que** Charlotte passe pour une personne libre dotée d'une belle ouverture d'esprit.
- **Comment ?** (diff. 4) Grâce à ses principes, à son organisation et à sa rigueur.

Attention

L'interprétation des autres cases reprend la même phrase qui ne doit jamais être changée.

→ **Interprétation de la case 2 de l'Étoile de Vénus de Charlotte**

Case des 2
2 (diff. 0)

Dans la case 2

- **qui analyse le potentiel de** diplomatie, de partage et de son besoin affectif de Charlotte ;
- **il y a un chiffre (2) qui parle** justement de diplomatie, de partage et de besoin affectif ;
- **ce qui veut dire que** Charlotte ressent en elle de la douceur, du calme, elle possède le sens du partage et a besoin qu'on l'aime.
- **Pourquoi ? Comment ?** Pas de différentiel parce que les 2 chiffres sont en harmonie.

→ **Interprétation de la case 3 de l'Étoile de Vénus de Charlotte**

Case des 3
6 (diff. 3)

Dans la case 3

- **qui analyse le potentiel relationnel et amical de** Charlotte
- **il y a un chiffre (6) qui parle de** responsabilités ;
- **ce qui veut dire que** Charlotte aime se montrer indispensable auprès des autres.
- **Pourquoi ?** (diff. 3) Pour s'en faire des ami(e)s.

→ Interprétation de la case 4 de l'Étoile de Vénus de Charlotte

Case des 4
1/11 (diff. 3)

Dans la case 4

- **qui analyse le potentiel de** Charlotte face au travail, à l'effort et à la rigueur ;
- **il y a un chiffre (1/11) qui parle de** volonté d'entreprendre même si c'est difficilement réalisable ;
- **ce qui veut dire que**, au travail, Charlotte, poussée par l'envie de se sentir supérieure (11 accolé au 1), joue facilement de son autorité.
- **Pourquoi ?** (diff. 3) Pour impressionner les autres et s'en faire des relations, voire des ami(e)s.

→ Interprétation de la case 5 de l'Étoile de Vénus de Charlotte

Case des 5
2 (diff. 3)

Dans la case 5

- **qui analyse le potentiel** d'adaptation face aux changements et aux voyages de Charlotte ;
- **il y a un chiffre (2) qui parle de** diplomatie, de partage, de gentillesse et de complicité ;
- **ce qui veut dire que** Charlotte accepte facilement tous les changements ou les voyages.
- **Pourquoi ?** (diff. 3) Pour passer du bon temps entre ami(e)s.

→ Interprétation de la case 6 de l'Étoile de Vénus de Charlotte

Case des 6
2 (diff. 4)

Dans la case 6

- **qui analyse le potentiel de** Charlotte face aux responsabilités et à son foyer ;
- **il y a un chiffre (2) qui parle** de diplomatie, de partage et de besoin affectif ;
- **ce qui veut dire que** Charlotte fait face avec bienveillance et amour à ses responsabilités dans son foyer.
- **Pourquoi ?** (diff. 4) Pour contribuer à sa solidité, à sa stabilité.

→ Interprétation de la case 7 de l'Étoile de Vénus de Charlotte

Case des 7
0 (diff. 0)

Dans la case 7

- **qui analyse le potentiel de** réflexion et du partage d'idées de Charlotte ;
- **il y a un chiffre (0) qui parle d'**une leçon de vie ;
- **ce qui veut dire que** Charlotte, ne connaissant pas le sens exact de la réflexion, peut, ou bien réfléchir beaucoup avant d'agir, ou bien prendre des décisions instinctivement, intuitivement.
- **Pourquoi ? Comment ?** Il n'y a pas de différentiel, donc pas de réponse à cette question.

→ **Interprétation de la case 8 de l'Étoile de Vénus de Charlotte**

Case des 8
1 /11 (diff. 7)

Dans la case 8

- **qui analyse le potentiel d'**ambition et de réussite financière de Charlotte ;
- **il y a un chiffre (1/11) qui parle** de commandement, d'autorité ;
- **ce qui veut dire que**, Charlotte, poussée par l'envie de se sentir supérieure (11 accolé au 1), préfère agir seule dans ce domaine.
- **Comment ?** (diff. 7 absent) En prenant ses décisions soit sur des coups de tête, soit après une mûre réflexion.

→ **Interprétation de la case 9 de l'Étoile de Vénus de Charlotte**

Case des 9
2 (diff. 7)

Dans la case 9

- **qui analyse le potentiel de** compassion et d'intérêt porté aux autres par Charlotte ;
- **il y a un chiffre** (2) **qui parle de** diplomatie, de partage et de besoin affectif ;
- **ce qui veut dire que** Charlotte agit pour les autres en étant guidée par sa sensibilité affective, sa tolérance et sa gentillesse.

- **Comment ?** (diff. 7 absent) En prenant ses décisions soit sur des coups de tête, soit après une mûre réflexion.

→ Interprétation de la case 11 de l'Étoile de Vénus de Charlotte

Case des 11
0

Dans la case 11

- **qui analyse le** potentiel intuitif de Charlotte ;
- **il y a un chiffre (0) qui parle d'**une leçon de vie
- **ce qui veut dire que** si Charlotte veut développer son intuition, elle doit écouter sa petite voix intérieure.
- **Pourquoi ? Comment ?** Il n'y a pas de différentiel, donc pas de réponse à cette question.

→ Interprétation de la case 22 de l'Étoile de Vénus de Charlotte

Case des 22
1/11 (diff. 21=3)

Dans la case 22

- **qui analyse le potentiel de** Charlotte pour réaliser de grandes choses ;
- **il y a un chiffre (1/11) qui parle de** Charlotte et de ses décisions instinctives, intuitives, utopiques (11 avec le 1) ;
- **ce qui veut dire que** Charlotte, pour faire de grandes choses, se laisse guider par son intuition ou par son instinct et par ses projets souvent irréalisables.

⊗ **Pourquoi ?** (diff. 3) Pour ne pas passer inaperçu aux yeux des autres.

EXEMPLE 2

Reprenons l'étude de l'Étoile de Vénus de Julien PERIN

Après tous les calculs que nous venons d'évoquer, voici comment se présente son Étoile de Vénus sachant que son **nombre d'expression** est un 7 présent.

1 2 (diff. 1/7)	2 2	3 2 (diff. 1/7)	
4 1/7 (diff. 3)	5 2 (diff. 3)	6 1/7 (diff. 5)	11 0
7 1/7 (diff. 6)	8 1/7 (diff. 7)	9 3 (diff. 6)	22 0

Nous vous en laissons faire l'interprétation case par case avec le vocabulaire que nous vous avons placé en début de ce chapitre 1.

Chapitre 2

LES INTERPRÉTATIONS LIÉES À L'ÉTUDE DE LA DESTINÉE

L'interprétation des chiffres et des nombres

Nous entrons dans le vif du sujet de cette deuxième grande partie de la méthode : **les interprétations de la destinée**. Comme nous l'exprimions en début d'ouvrage, apprendre à faire les calculs d'un thème numérologique reste à la portée de tout le monde. Savoir interpréter ces calculs c'est ce qui fait toute la différence entre un amateur et un professionnel.

En maîtrisant les interprétations relatives à **l'étude de la destinée**, vous pourrez aisément faire de la numérologie prédictive et répondre à toutes les questions que les personnes se posent tout au long de leur vie. Pour cela, nous allons vous accompagner, pas à pas, pour vous donner les moyens concrets de prédire l'avenir.

Les interprétations liées à la destinée vont maintenant employer des verbes puisque nous allons agir, donc parler d'actions. Ce que vous avez appris grâce à l'Étoile de Vénus va vous servir parce que, là encore, l'interprétation d'un chiffre ou d'un nombre sera différente s'il est présent ou non dans l'Étoile de Vénus.

Il est donc nécessaire d'avoir, à portée de main, l'Étoile de Vénus de la personne dont vous voulez étudier la destinée.

Mode d'emploi des interprétations

Vous allez trouver, à partir de maintenant, des textes qui pourraient vous sembler presque identiques dans l'analyse des chiffres et des nombres présents ou absents. Ces textes contribuent à votre formation pas à pas. Vous ne devez rechercher que ceux qui concernent le cas de la personne dont vous faites le thème.

Les interprétations du 1

Ces interprétations du **1** sont valables chaque fois que vous trouverez ce chiffre comme résultat de vos calculs du **chemin de vie**, des **Apogées**, des **Cycles**, des **différentiels**, des **années personnelles**, des **vibrations anniversaires**, des **mois personnels**, des **journées personnelles**, des **semaines personnelles** et des **heures personnelles**.

Bien sûr, l'action de la personne sera modulée par le nombre qui figure dans la case 1 de l'Étoile de Vénus. Par exemple, s'il y a un 2 dans la case des 1, elle n'agira pas de la même façon que s'il y a un 4.

Significations du 1 présent dans l'étude de la destinée d'une personne en se reportant à son Étoile de Vénus

→ c'est-à-dire si la case 1 de l'Étoile de Vénus est occupée par un chiffre.

- Agir seul(e) sans aucune influence, rester ferme sur ses positions, avoir de l'autorité, décider, avoir le sens du commandement, un tempérament de leader, de la volonté, diriger.
- Éprouver du plaisir lorsqu'il faut commencer ou recommencer quelque chose, entreprendre, se concentrer sur ses objectifs sans pour autant courir après la réussite financière.
- Avoir de l'ambition, ne pas tenir compte des conseils, avoir envie de garder la maîtrise de son destin.
- Être exigeant(e) vis à vis des autres, montrer de l'impatience, de l'impulsivité.

Ces interprétations montrent l'importance dans la destinée d'une personne si la case des 1 est occupée par un chiffre.

→ Potentiel professionnel si le nombre du chemin de vie est un 1 présent

La personne éprouve toujours plus de plaisir, d'excitation, à commencer, à entreprendre quelque chose plutôt que de s'investir sur la durée. Les montées d'adrénaline qu'elle ressent à ces moments-là lui sont indispensables.

Significations du 1 absent dans l'étude de la destinée d'une personne en se reportant à son Étoile de Vénus

→ **C'est-à-dire si la case 1 de l'Étoile de Vénus est vide.**

Ne connaissant pas le sens exact idéal du 1, la personne peut mener deux actions qui peuvent être à l'opposé l'une de l'autre.

D'une part

Craindre de se lancer dans une nouvelle aventure, ne pas se sentir capable d'entreprendre seul(e).

D'autre part

Avoir envie d'entreprendre malgré les difficultés qui s'annoncent, rechercher la compétition à tout prix.

Ces interprétations montrent l'importance dans la destinée d'une personne si la case des 1 n'est pas occupée par un chiffre.

→ **Potentiel professionnel si le nombre du chemin de vie est un 1 absent**

Malgré les difficultés qu'elle rencontre, la personne éprouve toujours l'envie de commencer ou d'entreprendre quelque chose. Les montées d'adrénaline qu'elle ressent à ces moments-là lui sont, en effet, indispensables.

Maintenant, c'est à vous regarder dans vos exemples, les calculs dont le résultat est 1 et de formuler des phrases avec ces interprétations.

Les interprétations du 2

Ces interprétations du **2** sont valables chaque fois que vous trouverez ce chiffre comme résultat de vos calculs du **chemin de vie**, des **Apogées**, des **Cycles**, des **différentiels**, des **années personnelles**, des **vibrations anniversaires**, des **mois personnels**, des **journées personnelles**, des **semaines personnelles** et des **heures personnelles**.

Bien sûr, l'action de la personne sera modulée par le nombre qui figure dans la case 2 de l'Étoile de Vénus. Par exemple, s'il y a un 2 dans la case des 2, elle n'agira pas de la même façon que s'il y a un 5.

Significations du 2 présent dans l'étude de la destinée d'une personne en se reportant à son Étoile de Vénus

→ C'est-à-dire si la case 2 de l'Étoile de Vénus est occupée par un chiffre.

- Accepter d'être en duo, s'associer, écouter les conseils, avoir la possibilité de progresser en équipe, être un bon collaborateur/ une bonne collaboratrice, agir en médiatrice.
- Être tolérant(e), diplomate, aimable, avoir le sens du partage, de la patience, de la douceur.
- Se donner les moyens de réussir une vie de couple.
- Garder en mémoire le souvenir d'une mère aimante.

Ces interprétations montrent l'importance dans la destinée d'une personne si la case des 2 est occupée par un chiffre.

→ Potentiel professionnel si le nombre du vhemin de vie est un 2 présent

La personne est à l'aise dans tous les métiers qui ne la mettent pas en avant. C'est une excellente collaboratrice.

Significations du 2 absent dans l'étude de la destinée d'une personne en se reportant à son Étoile de Vénus

→ C'est-à-dire si la case 2 de l'Étoile de Vénus est vide.

Ne connaissant pas le sens exact idéal du 2, la personne peut mener deux actions qui peuvent être à l'opposé l'une de l'autre.

D'une part

- Manquer de tolérance, de diplomatie, manquer d'humilité, refuser toute forme de soumission, d'association.
- Être impatient(e), hypersensible, manquer d'amour mais ne pas savoir exprimer ses sentiments.

D'autre part

- Ne pas se sentir capable d'entreprendre seul(e).
- Être dans un état constant de dépendance aux autres, agir en recherchant le regard aimant des autres pour combler un besoin affectif.

Ces interprétations montrent l'importance dans la destinée d'une personne si la case des 2 n'est pas occupée par un chiffre.

→ Potentiel professionnel si le nombre du chemin de vie est un 2 absent

La personne n'éprouve pas de plaisir à coopérer avec ses collègues et cherche toujours à s'affirmer de manière conflictuelle.

Maintenant, c'est à vous de formuler des phrases sur vos propres exemples quand vous avez trouvé des résultats qui font 2.

Les interprétations du 3

Ces interprétations du **3** sont valables chaque fois que vous trouverez ce chiffre comme résultat de vos calculs du **chemin de vie**, des **Apogées**, des **Cycles**, des **différentiels**, des **années personnelles**, des **vibrations anniversaires**, des **mois personnels**, des **journées personnelles**, des **semaines personnelles** et des **heures personnelles**.

Bien sûr, l'action de la personne sera modulée par le nombre qui figure dans la case 3 de l'Étoile de Vénus. Par exemple, s'il y a un 2 dans la case des 3, elle n'agira pas de la même façon que s'il y a un 4.

Significations du 3 présent dans l'étude de la destinée d'une personne en se reportant à son Étoile de Vénus

→ C'est-à-dire si la case 3 de l'Étoile de Vénus est occupée par un chiffre.

- Montrer son côté sociable : donner de l'importance à la vie sociale, aux relations, aux ami(e)s, se sentir bien avec les autres, passer du bon temps avec eux, être leur centre d'intérêt, montrer sa bonne humeur, son optimisme, faire la fête, séduire, être dans le paraître.

- Pour le travail : exercer un métier de communication où il est possible de parler aux autres, apprendre des langues étrangères.
- Montrer son potentiel créatif : avoir de l'imagination, posséder des dons innés d'artiste, vouloir un enfant.

Ces interprétations montrent l'importance dans la destinée d'une personne si la case des 3 est occupée par un chiffre.

→ Potentiel professionnel si le nombre du chemin de vie est un 3 présent

Aidée par son potentiel relationnel et amical, la personne est à l'aise dans les métiers qui lui permettent de voir du monde et de se mettre en valeur.

Significations du 3 absent dans l'étude de la destinée d'une personne en se reportant à son Étoile de Vénus

→ C'est-à-dire si la case 3 de l'Étoile de Vénus est vide.

Ne connaissant pas le sens exact idéal du 3, la personne peut mener deux actions qui peuvent être à l'opposé l'une de l'autre.

D'une part

- Montrer son côté sociable : donner trop d'importance à la vie sociale, aux relations, aux ami(e)s, ne se sentir bien qu'avec les autres, considérer tout le monde comme des ami(e)s, passer du bon temps avec eux, vouloir être leur centre d'intérêt à tout prix, montrer constamment sa bonne humeur, son optimisme, faire la fête, risquer de s'éparpiller à trop vouloir en faire.

- Pour le travail : exercer un métier de communication où il est possible de parler aux autres, apprendre des langues étrangères.
- Montrer son potentiel créatif : avoir beaucoup d'imagination, vouloir un enfant.

D'autre part

Montrer de la jalousie, être renfermé(e), timide, introverti(e), chercher à éviter les gens, être constamment à la recherche du regard positif des autres.

Ces interprétations montrent l'importance dans la destinée d'une personne si la case des 3 n'est pas occupée par un chiffre.

→ Potentiel professionnel si le nombre du chemin de vie est un 3 absent

Même si elle exerce un métier qui l'oblige à entretenir des rapports sociaux, la personne n'éprouve aucun plaisir à côtoyer du monde en montrant souvent une mauvaise humeur évidente.

Maintenant, c'est à vous de faire des phrases sur vos propres exemples.

Les interprétations du 4

Ces interprétations du **4** sont valables chaque fois que vous trouverez ce chiffre comme résultat de vos calculs du **chemin de vie**, des **Apogées**, des **Cycles**, des **différentiels**, des **années personnelles**, des **vibrations anniversaires**, des **mois personnels**, des **journées personnelles**, des **semaines personnelles** et des **heures personnelles**.

Bien sûr, l'action de la personne sera modulée par le nombre qui figure dans la case 4 de l'Étoile de Vénus. Par exemple, s'il y a un 2 dans la case des 4, elle n'agira pas de la même façon que s'il y a un 6.

Significations du 4 présent dans l'étude de la destinée d'une personne en se reportant à son Étoile de Vénus

→ C'est-à-dire si la case 4 de l'Étoile de Vénus est occupée par un chiffre.

- Travailler dur, faire des efforts, avoir de la rigueur, de la ténacité, de la minutie, recevoir de la mère des principes sur l'effort et le travail.
- Être organisé(e), méthodique, être régulièr(e), prévoyant(e), prudent(e), avoir peur de l'inattendu, des surprises, fuir la fantaisie, ne pas aimer l'imprévu.
- Avoir des principes, le sens de l'honneur, de la parole donnée, savoir garder les pieds sur Terre.
- Sur le plan de la santé : stresser, fatiguer son cœur.

Ces interprétations montrent l'importance dans la destinée d'une personne si la case des 4 est occupée par un chiffre.

→ Potentiel professionnel si le nombre du chemin de vie est un 4 présent

Détestant toute forme de surprise, la personne est à l'aise dans les métiers qui nécessitent de l'ordre, de l'organisation pour elle comme pour les autres.

Significations du 4 absent dans l'étude de la destinée d'une personne en se reportant à son Étoile de Vénus

→ **C'est-à-dire si la case 4 de l'Étoile de Vénus est vide.**

Ne connaissant pas le sens exact, idéal du 4, la personne peut mener deux actions qui peuvent être à l'opposé l'une de l'autre.

D'une part

- Travailler très dur, faire beaucoup d'efforts, avoir trop de rigueur, de ténacité, de minutie.
- Être trop organisé(e), méthodique, être très prévoyant(e), prudent(e), avoir peur de l'inattendu, des surprises, fuir la fantaisie.
- Être très attaché(e) à ses principes, avoir le sens de l'honneur, de la parole donnée, veiller surtout à garder les pieds sur Terre.
- Sur le plan de la santé : stresser, fatiguer son cœur.

D'autre part

- Travailler à son rythme, refuser l'organisation des autres, recevoir de la mère des principes de vie difficiles à accepter, avoir sa propre organisation, être fantaisiste.
- Refuser tout effort programmé, refuser les contraintes, les horaires fixes.
- Ne supporter aucun enfermement, se sentir mal dans des lieux fermés, souffrir de claustrophobie.

Ces interprétations montrent l'importance dans la destinée d'une personne si la case des 4 n'est pas occupée par un chiffre.

→ **Potentiel professionnel si le nombre du chemin de vie est un 4 absent**

Ne pouvant supporter les contraintes, la personne sera à l'aise dans l'exercice d'une profession libérale.

Maintenant, c'est à vous de faire des phrases sur vos propres exemples.

Les interprétations du 5

Ces interprétations du **5** sont valables chaque fois que vous trouverez ce chiffre comme résultat de vos calculs du **chemin de vie**, des **Apogées**, des **Cycles**, des **différentiels**, des **années personnelles**, des **vibrations anniversaires**, des **mois personnels**, des **journées personnelles**, des **semaines personnelles** et des **heures personnelles**.

Bien sûr, l'action de la personne sera modulée par le nombre qui figure dans la case 5 de l'Étoile de Vénus. Par exemple, s'il y a un 2 dans la case des 5, elle n'agira pas de la même façon que s'il y a un 4.

Significations du 5 présent dans l'étude de la destinée d'une personne en se reportant à son Étoile de Vénus

→ **C'est-à-dire si la case 5 de l'étoile de vénus est occupée par un chiffre.**

- Défendre sa liberté à tout prix, être rebelle, non-conformiste, révolté(e), insatisfait(e), refuser d'adhérer à tout groupement ou association au nom de sa liberté, ne pas aimer ni les contraintes, ni la routine.

- Apprécier les voyages, les changements, aimer la nouveauté, la fantaisie, être mobile, original(e), curieux(se), ouvert(e) d'esprit, avoir horreur de la régularité, être spontané(e), impulsif(ve), impatient(e).
- Avoir le goût de l'aventure, des sports dangereux, prendre des risques, savoir s'adapter, se lancer des défis,.
- Avoir horreur du passé, ne vivre que dans le présent, évoluer.

Ces interprétations montrent l'importance dans la destinée d'une personne si la case des 5 est occupée par un chiffre.

→ Potentiel professionnel si le nombre du chemin de vie est un 5 présent

La personne n'est heureuse que dans des métiers qui lui laissent toute sa liberté même si elle peut choisir son métier, elle en sera rapidement insatisfaite.

Significations du 5 absent dans l'étude de la destinée d'une personne en se reportant à son Étoile de Vénus

→ C'est-à-dire si la case 5 de l'Étoile de Vénus est vide.

Ne connaissant pas le sens exact, idéal du 5, la personne peut mener deux actions qui peuvent être à l'opposé l'une de l'autre :

D'une part

- Être rebelle, non-conformiste, révolté(e), insatisfait(e) pour défendre sa liberté.
- Apprécier énormément les voyages, les changements, aimer la nouveauté, la fantaisie, être très originale, ouverte d'esprit, être curieux(se) de tout.

- Avoir horreur de la régularité, être très impulsif(ve), très impatient(e).
- Ne supporter aucun enfermement, se sentir mal dans des lieux fermés. refuser les horaires fixes, les contraintes en général.
- Avoir le goût de l'aventure, pratiquer des sports dangereux, prendre des risques.
- Ne vivre que dans le présent.

D'autre part

- Refuser les voyages, accepter difficilement les changements, fuir l'aventure, le hasard qui fait prendre des risques.
- Se réfugier dans la routine, se raccrocher aux coutumes, au passé, à tout ce qui a déjà été testé par les autres.

Ces interprétations montrent l'importance dans la destinée d'une personne si la case des 5 n'est pas occupée par un chiffre.

→ Potentiel professionnel si le nombre du chemin de vie est un 5 absent

Se méfiant de toute forme de nouveauté, la personne ne prendra pas le risque de quitter l'entreprise qui l'emploie même si elle ne s'y sent pas bien.

Maintenant, c'est à vous de faire des phrases sur vos propres exemples.

Les interprétations du 6

Ces interprétations du **6** sont valables chaque fois que vous trouverez ce chiffre comme résultat de vos calculs du **chemin de vie**, des **Apogées**, des **Cycles**, des **différentiels**, des **années personnelles**, des **vibrations anniversaires**, des **mois personnels**, des **journées personnelles**, des **semaines personnelles** et des **heures personnelles**.

Bien sûr, l'action de la personne sera modulée par le nombre qui figure dans la case 6 de l'Étoile de Vénus. Par exemple, s'il y a un 2 dans la case des 6, elle n'agira pas de la même façon que s'il y a un 4.

Significations du 6 présent dans l'étude de la destinée d'une personne en se reportant à son Étoile de Vénus

→ **C'est-à-dire si la case 6 de l'Étoile de Vénus est occupée par un chiffre.**

- Prendre ses responsabilités, avoir une souplesse d'esprit, avoir le sens du devoir, de la justice, exercer une profession en rapport avec la justice.
- Aimer le calme et l'harmonie, être sensuel(le), exprimer sa sensibilité affective, sa tendresse, aimer, vouloir fonder un foyer, défendre sa famille.
- Être disponible pour les autres, avoir tendance à se mêler de la vie des autres, être trop présent(e) dans sa propre famille, vouloir être indispensable.
- Exprimer son sens de l'esthétisme, apprécier les belles choses, la beauté en général, développer son goût pour les arts, suivre des formations pour développer des qualités innées.

- Exercer un métier de santé traditionnel ou s'orienter vers un nouveau métier de santé moins traditionnel (naturopathe, thérapeute, magnétisme, etc.).
- Aimer les animaux, la nature, l'environnement, exercer un métier dans un de ces domaines.

Rappelez-vous que dans **l'étude de la destinée**, dans une année personnelle 6, un **mois personnel** 6, une **journée personnelle** 6, toute action commencée dans cette période a toutes les chances de s'achever positivement dans la vibration 7 qui suit.

Le 6 présent parle de l'état de santé, souvent sans gravité

- Le **6 proche d'un 3** : voir un spécialiste de la santé.
- Le **6 proche d'un 4** : santé fragilisée.
- Le **6 proche d'un 5** : problème ambulatoire.
- Le **6 proche d'un 6** : la santé est à l'ordre du jour.
- Le **6 proche d'un 7** : nécessité de se reposer.
- Le **6 proche d'un 8** : opération chirurgicale.
- Le **6 proche d'un 9** : ablation possible.
- Le **6 proche d'un 11 ou d'un 22** : tension nerveuse à surveiller.

Ces interprétations montrent l'importance dans la destinée d'une personne si la case des 6 est occupée par un chiffre.

→ Potentiel professionnel si le nombre du chemin de vie est un 6 présent

La personne sera attirée par les métiers concernant la santé, l'environnement, les animaux. Mais si elle n'occupe pas un poste à responsabilités, elle cherchera à créer une entreprise où elle veillera au bien-être de ses employés.

Significations du 6 absent dans l’étude de la destinée d’une personne en se reportant à son Étoile de Vénus.

→ C’est-à-dire si la case 6 de l’Étoile de Vénus est vide.

Ne connaissant pas le sens exact, idéal du 6, la personne peut mener deux actions qui peuvent être à l’opposé l’une de l’autre.

D’une part

- Prendre trop de responsabilités, avoir soif de justice, exercer une profession en rapport avec la justice.
- Trop exprimer sa sensibilité affective, aimer pour être aimé(e), vouloir fonder un foyer à tout prix, défendre sa famille.
- Être trop disponible pour les autres, avoir tendance à trop se mêler de la vie des autres, être trop présent(e) dans sa propre famille, vouloir être vraiment indispensable.
- Apprécier les belles choses, la beauté en général, développer son goût pour les arts, suivre des formations pour développer des qualités innées.
- Exercer un métier de santé traditionnel, s’orienter vers un nouveau métier de santé moins traditionnel (naturopathe, thérapeute, magnétisme, etc.).
- S’intéresser à l’avenir de la planète, aux animaux, à la nature, à l’environnement, exercer un métier dans l'un de ces domaines.

Le 6 absent parle d’une santé fragile. Il reflète bien la phrase : « En avoir plein le dos ! »

- **Le 6 proche d’un 3 :** voir un spécialiste de la santé.
- **Le 6 proche d’un 4 :** santé fragilisée.
- **Le 6 proche d’un 5 :** problème ambulatoire.

- **Le 6 proche d'un 6 :** la santé est à l'ordre du jour.
- **Le 6 proche d'un 7 :** nécessité de se reposer pour ne pas l'aggraver.
- **Le 6 proche d'un 8 :** opération chirurgicale à ne pas retarder.
- **Le 6 proche d'un 9 :** possibilité d'une ablation.
- **Le 6 proche d'un 11 ou d'un 22 :** problème de tension nerveuse.

D'autre part

- Prendre ou accepter difficilement des responsabilités, s'énerver, ignorer la justice.
- Avoir des difficultés à fonder un foyer dans la durée, faire passer sa famille au deuxième plan, être jaloux(se), possessif(ve).
- Ne pas être intéressé(e) par le sens de l'esthétisme, ne pas attacher d'importance à l'élégance et à la beauté en général.
- Ne pas se sentir concerné(e) par la nature, être peu concerné(e) par la condition animale.
- Ne pas faire attention à sa santé ni à celle des autres, avoir de sérieux problèmes de santé dans les périodes influencées par un 6 absent.

Ces interprétations montrent l'importance dans la destinée d'une personne si la case des 6 n'est pas occupée par un chiffre.

→ Potentiel professionnel si le nombre du chemin de vie est un 6 absent

À la recherche de toujours plus de responsabilités, la personne se charge volontiers de toutes les responsabilités qu'on lui confie dans le cadre de son travail.

Maintenant, c'est à vous de faire des phrases sur vos propres exemples.

Les interprétations du 7

Ces interprétations du **7** sont valables chaque fois que vous trouverez ce chiffre comme résultat de vos calculs du **chemin de vie**, des **Apogées**, des **Cycles**, des **différentiels**, des **années personnelles**, des **vibrations anniversaires**, des **mois personnels**, des **journées personnelles**, des **semaines personnelles** et des **heures personnelles**.

Bien sûr, l'action de la personne sera modulée par le nombre qui figure dans la case 7 de l'Étoile de Vénus. Par exemple, s'il y a un 2 dans la case des 7, elle n'agira pas de la même façon que s'il y a un 4.

Significations du 7 présent dans l'étude de la destinée d'une personne en se reportant à son Étoile de Vénus

→ C'est-à-dire si la case 7 de l'Étoile de Vénus est occupée par un chiffre.

- Avoir le sens de la réflexion, réfléchir avant d'agir.
- Être introverti(e), aimer s'isoler, ne pas parler, rester secrèt(e), aimer le travail intellectuel, lire, écrire, apprendre, enseigner, faire des stages pour se former.
- Avoir des rapports avec l'administration, être salarié(e), notamment de l'administration.
- Signer un contrat de travail, signer des documents est positif sauf un contrat de mariage ou de PACS.

- Subir des reports de décisions, subir des retards ou des ralentissements financiers.
- Éviter de débuter une action ou une affaire commerciale sous une vibration 7, mais toute action commencée en vibration 6 a toutes les chances de s'achever positivement sous un vibration 7.
- Sur le plan de la santé, le 7 propose à la personne de se reposer. Sur ce plan, le 7 proche d'un 4, c'est le signal d'une déprime d'un burn-out.

Ces interprétations montrent l'importance dans la destinée d'une personne si la case des 7 est occupée par un chiffre.

→ **Potentiel professionnel si le nombre du chemin de vie est un 7 présent**

La personne est à l'aise dans les métiers où elle peut utiliser son potentiel intellectuel avec une position de salariée.

Significations du 7 absent dans l'étude de la destinée d'une personne en se reportant à son Étoile de Vénus

→ **C'est-à-dire si la case 7 de l'Étoile de Vénus est vide.**
Ne connaissant pas le sens exact idéal du 7, la personne peut mener deux actions qui peuvent être à l'opposé l'une de l'autre.

D'une part

- Avoir le sens de la réflexion, réfléchir trop avant d'agir au risque de bloquer toute décision.
- Être introverti(e), ne pas aimer parler, rester secrèt(e), aimer le travail intellectuel, lire, écrire, apprendre, enseigner.

- Avoir des rapports difficiles avec l'administration, être salariée, notamment de l'administration afin d'avoir une régularité de revenus, peut être attiré(e) par l'armée pour y trouver des règles morales.
- Signer un contrat de travail, signer des documents est positif, sauf un contrat de mariage ou de PACS.
- Subir des reports de décisions, subir des retards ou des ralentissements financiers.
- Éviter de débuter une action ou une affaire commerciale sous une vibration 7, mais toute action commencée en vibration 6 a toutes les chances de s'achever positivement sous un vibration 7.
- Sur le plan de la santé, le 7 propose à la personne de se reposer, même si elle n'y tient pas.

D'autre part

- Prendre des décisions sans réfléchir, comme sur un coup de tête, d'une façon intuitive, instinctive, en considérant que réfléchir est une perte de temps.
- Ne pas aimer le travail intellectuel, faire des stages.

Ces interprétations montrent l'importance dans la destinée d'une personne si la case des 7 n'est pas occupée par un chiffre.

→ Potentiel professionnel si le nombre du chemin de vie est un 7 absent

Même si elle est salariée, la personne n'apprécie pas forcément cette situation qu'elle ressent comme un frein à la réalisation de ses ambitions. En première partie de vie, cette personne peut être attirée par un engagement, même temporaire, dans l'armée, qui lui donnerait un moyen d'acquérir et d'appliquer des valeurs morales qu'elle refusait d'entendre auparavant.

Maintenant, c'est à vous de faire des phrases sur vos propres exemples.

Les interprétations du 8

Ces interprétations du **8** sont valables chaque fois que vous trouverez ce chiffre comme résultat de vos calculs du **chemin de vie**, des **Apogées**, des **Cycles**, des **différentiels**, des **années personnelles**, des **vibrations anniversaires**, des **mois personnels**, des **journées personnelles**, des **semaines personnelles** et des **heures personnelles**.

Bien sûr, l'action de la personne sera modulée par le nombre qui figure dans la case 8 de l'Étoile de Vénus. Par exemple, s'il y a un 2 dans la case des 8, elle n'agira pas de la même façon que s'il y a un 4.

Significations du 8 présent dans l'étude de la destinée d'une personne en se reportant à son Étoile de Vénus

→ C'est-à-dire si la case 8 de l'Étoile de Vénus est occupée par un chiffre.

- Avoir de l'ambition, vouloir réussir financièrement, montrer de l'autorité, avoir une énergie combative et une force de caractère.
- Entreprendre pour réussir, montrer de la témérité en affaires, prendre des risques pour faire aboutir ses projets, rechercher et développer des projets lucratifs.

- Avoir besoin d'être reconnu(e) pour sa réussite, surmonter des tracas financiers.
- Acheter, vendre.

Ces interprétations montrent l'importance dans la destinée d'une personne si la case des 8 est occupée par un chiffre.

→ **Potentiel professionnel si le nombre du chemin de vie est un 8 présent**

Poussée par son ambition, la personne cherchera toujours les situations de carrières les plus envieuses, les plus rentables financièrement.

Significations du 8 absent dans l'étude de la destinée d'une personne en se reportant à son Étoile de Vénus

→ **C'est-à-dire si la case 8 de l'Étoile de Vénus est vide.** Ne connaissant pas le sens exact, idéal du 8, la personne peut mener deux actions qui peuvent être à l'opposé l'une de l'autre.

D'une part

- Avoir trop d'ambition, vouloir réussir financièrement, montrer beaucoup d'autorité, avoir une énergie combative et une force de caractère.
- Entreprendre pour réussir à tout prix, être téméraire en affaire, prendre des risques pour faire aboutir ses projets, rechercher et développer des projets potentiellement lucratifs.
- Avoir un besoin absolu d'être reconnu(e) pour sa réussite même passagère, surmonter des tracas financiers, même au dernier moment.
- Acheter, vendre.

D'autre part

- Avoir de l'ambition à revendre, être très matérialiste.
- Avoir des difficultés à faire face aux tracas du quotidien.
- Être dépensièr(e) avant d'avoir économiser.
- Avoir un parcours financier chaotique, à la limite du dépôt de bilan personnel.

Ces interprétations montrent l'importance dans la destinée d'une personne si la case des 8 n'est pas occupée par un chiffre.

→ Potentiel professionnel si le nombre du chemin de vie est un 8 absent

La carrière de cette personne est motivée par une ambition malmenée, ce qui va la pousser à changer d'emploi pour une meilleure rémunération. **Dans l'exemple de Julien PERIN,** né le 23 juillet 1985, le nombre du chemin de vie est un 8 absent, ce qui veut dire qu'étant attiré par sa réussite matérielle, il sera toujours à la recherche de projets potentiellement lucratifs. Le mieux serait d'adopter un comportement de fourmi pour s'éviter des tracas financiers.

Maintenant, c'est à vous de faire des phrases sur vos propres exemples.

Les interprétations du 9

Ces interprétations du **9** sont valables chaque fois que vous trouverez ce chiffre comme résultat de vos calculs du **chemin de vie**, des **Apogées**, des **Cycles**, des **différentiels**, des **années**

personnelles, des **vibrations anniversaires**, des **mois personnels**, des **journées personnelles**, des **semaines personnelles** et des **heures personnelles**.

Bien sûr, l'action de la personne sera modulée par le nombre qui figure dans la case 9 de l'Étoile de Vénus. Par exemple, s'il y a un 2 dans la case des 9, elle n'agira pas de la même façon que s'il y a un 4.

Significations du 9 présent dans l'étude de la destinée d'une personne en se reportant à son Étoile de Vénus

> **C'est-à-dire si la case 9 de l'Étoile de Vénus est occupée par un chiffre.**

- Être idéaliste, rêver d'un monde où tout est beau et où tout le monde est gentil, être humain(e), altruiste, ressentir de la compassion envers les autres, s'oublier en faveur des autres ou pour une idéologie humaniste, soigner par des médecines parrallèles (lithothérapie, magnétisme, etc.).
- Espérer une justice sociale, attendre un procès, une procédure judiciaire.
- Avoir peur de l'abandon, d'être abandonné(e).
- Aimer les voyages lointains, envisager de vivre à l'étranger, ressentir un mal-être dans les limites du quotidien.
- Opter pour l'éloignement, se montrer lointain(e), mettre facilement de la distance avec les autres.
- Se séparer de certaines personnes ou de certaines choses, mettre fin à des situations difficiles à supporter.

- Le 9 étant le symbole de « fin » et de ce qui ne dure pas : éviter d'entreprendre en période 9, éviter toute union en période 9, que ce soit dans une tranche de vie, une **année personnelle**, un **mois personnel** ou une **journée personnelle**.
- Transmettre un savoir, des connaissances.
- Aimer l'informatique, excellent moyen pour correspondre à distance.

Ces interprétations montrent l'importance dans la destinée d'une personne si la case des 9 est occupée par un chiffre.

→ Potentiel professionnel si le nombre du chemin de vie est un 9 présent

Comme la personne n'arrive pas à s'épanouir dans un métier, elle a tendance à en changer avec l'espoir de trouver mieux ailleurs. Elle peut s'orienter vers les métiers de l'informatique.

Significations du 9 absent dans l'étude de la destinée d'une personne en se reportant à son Étoile de Vénus

→ C'est-à-dire si la case 9 de l'Étoile de Vénus est vide.

Ne connaissant pas le sens exact, idéal du 9, la personne peut mener deux actions qui peuvent être à l'opposé l'une de l'autre.

D'une part

- Être trop idéaliste, généreux(se), humain(e), altruiste, ressentir constamment de la compassion envers les autres, s'oublier en faveur des autres ou pour une idéologie humaniste, vouloir s'occuper des autres (thérapeute, osthéopathe, magnétiseur(se), etc.).

- Rêver d'une justice sociale, attendre un procès, une procédure judiciaire.
- Avoir toujours peur de l'abandon, d'être abandonné(e).
- Adorer les voyages lointains, envisager de vivre à l'étranger pour ne plus ressentir un mal-être dans les limites du quotidien.
- Opter pour l'éloignement, se montrer lointain(e), mettre facilement de la distance avec les autres, ressentir un ras-le-bol (lorsque le 9 est placé à droite : par exemple, lorsque le 9 est la vibration numérologique d'un **Apogée** qui est toujours situé à droite d'un **Cycle** ou d'une **vibration anniversaire** toujours placée à droite d'une **année personnelle**).
- Se séparer de certaines personnes ou de certaines choses, chercher à mettre fin à des situations difficiles à supporter.
- Rappel : le 9 étant le symbole de la « fin » et de ce qui ne dure pas, éviter d'entreprendre en période 9, éviter toute union en période 9.
- Transmettre un savoir, des connaissances.
- Aimer l'informatique, excellent moyen pour correspondre à distance.

D'autre part

- Ne pas se sentir concerné(e) par les autres, être indifférent(e) envers les autres, fuir les autres.
- Ressentir un profond ras-le-bol (lorsque le 9 est placé à droite).

Ces interprétations montrent l'importance dans la destinée d'une personne si la case des 9 n'est pas occupée par un chiffre.

→ Potentiel professionnel si le nombre du chemin de vie est un 9 absent

Si l'ambiance harmonieuse dans laquelle elle a envie de travailler n'existe pas, la personne n'hésitera pas à partir en ressentant une marque de rejet.

Maintenant, c'est à vous de faire des phrases sur vos propres exemples.

Les interprétations du 11

Ces interprétations du **11** sont valables chaque fois que vous trouverez ce chiffre comme résultat de vos calculs du **chemin de vie**, des **Apogées**, des **Cycles**, des **différentiels**, des **années personnelles**, des **vibrations anniversaires**, des **mois personnels**, des **journées personnelles**, des **semaines personnelles** et des **heures personnelles**.

Bien sûr, l'action de la personne sera modulée par le nombre qui figure dans la case 11 de l'Étoile de Vénus. Par exemple, s'il y a un 2 dans la case des 11, elle n'agira pas de la même façon que s'il y a un 4.

Significations du 11 présent dans l'étude de la destinée d'une personne en se reportant à son Étoile de Vénus

→ C'est-à-dire si la case 11 de l'Étoile de Vénus est occupée par un chiffre.

- Avoir de l'intuition, être attiré(e) par l'ésotérisme, la spiritualité, avoir des dons de médiumnité, de voyance.

- Rêver, vivre dans l'illusion, se faire des illusions, faire des projets, se laisser séduire par des projets souvent irréalisables.
- Se bercer d'idées de grandeur, avoir tendance à se sentir supérieur(e) aux autres, être égocentrique, avoir des difficultés à faire des concessions.
- Avoir une grande nervosité, surveiller sa tension.

Ces interprétations montrent l'importance dans la destinée d'une personne si la case des 11 est occupée par un chiffre.

→ **Potentiel professionnel si le nombre du chemin de vie est un 11 présent**

Stimulée par le besoin d'être considérée comme la meilleure, la personne élabore des projets de carrière souvent utopiques.

Significations du 11 absent dans l'étude de la destinée d'une personne en se reportant à son Étoile de Vénus

→ **C'est-à-dire si la case 11 de l'Étoile de Vénus est vide.** Ne connaissant pas le sens exact, idéal du 11, la personne peut mener deux actions qui peuvent être à l'opposé l'une de l'autre.

D'une part

- Trop se fier à son intuition, être très attiré(e) par l'ésotérisme, la spiritualité, avoir tout de même des dons de médiumnité, de voyance.
- Rêver, vivre dans l'illusion, se faire beaucoup d'illusions, faire de nombreux projets, se laisser séduire par des projets souvent irréalisables, se bercer constamment d'idées de grandeur.

- Avoir tendance à se sentir supérieur(e) aux autres, être égocentrique, avoir des difficultés à faire des concessions.
- Avoir une grande nervosité, surveiller sa tension.

D'autre part

- Avoir de l'intuition mais en avoir peur, avoir peur de tout ce qui est ésotérique et de toute forme de spiritualité, se méfier de ses dons cachés.
- Ne pas réussir à poursuivre les projets qu'elle conçoit.

Ces interprétations montrent l'importance dans la destinée d'une personne si la case des 11 n'est pas occupée par un chiffre.

→ Potentiel professionnel si le nombre du chemin de vie est un 11 absent

Poussée par l'idée d'être supérieure aux autres, la personne a souvent des problèmes avec sa hiérarchie, au risque de passer à côté d'une carrière intéressante. **Dans l'exemple de Charlotte DUVAL-ROUSSEAU**, née le 29 avril 1967, en nous reportant à nos calculs, nous savons que son **chemin de vie** est un **11 absent**. Cela signifie que Charlotte peut ne pas écouter son intuition, être attirée par l'ésotérisme mais s'en méfier et souvent se lancer dans des projets parfois irréalisables.

Maintenant, c'est à vous de faire des phrases sur vos propres exemples.

Les interprétations du 22

Ces interprétations du **22** sont valables chaque fois que vous trouverez ce chiffre comme résultat de vos calculs du **chemin de vie**, des **Apogées**, des **Cycles**, des **différentiels**, des **années personnelles**, des **vibrations anniversaires**, des **mois personnels**, des **journées personnelles**, des **semaines personnelles** et des **heures personnelles**.

Avec le 22, le temps n'est plus aux projets utopiques. Voici venu le temps des grandes concrétisations. Bien sûr, l'action de la personne sera modulée par le nombre qui figure dans la case 22 de l'Étoile de Vénus. Par exemple, s'il y a un 2 dans la case des 22, elle n'agira pas de la même façon que s'il y a un 4.

Significations du 22 présent dans l'étude de la destinée d'une personne en se reportant à son Étoile de Vénus

→ C'est-à-dire si la case 22 de l'Étoile de Vénus est occupée par un chiffre.

- Vouloir donner corps à des réalisations d'envergure, ne vouloir faire que des grandes choses, avoir une vision large des choses, exprimer une grande créativité, se comporter comme un génie.
- Posséder une forte énergie pour surmonter les difficultés de la vie et une forte volonté pour y arriver, être combatif(ve), se lancer des défis.
- Avoir des exigences difficiles à supporter par les autres, être très nerveux(se).
- Être attiré(e) par l'ésotérisme et les sciences occultes.

- Être attiré(e) par toutes sortes de dépendances (drogues, alcool, etc), souffrir d'addictions.

Ces interprétations montrent l'importance dans la destinée d'une personne si la case des 22 est occupée par un chiffre.

→ **Potentiel professionnel si le nombre du chemin de vie est un 22 présent**

Sur le plan professionnel, la personne est capable de se dépasser pour réaliser les plus grandes créations.

Significations du 22 absent dans l'étude de la destinée d'une personne

→ **C'est-à-dire si la case 22 de l'Étoile de Vénus est vide.** Ne connaissant pas le sens exact idéal du 22, la personne peut mener deux actions qui peuvent être à l'opposé l'une de l'autre :

D'une part

- Être très excité(e) à l'idée de pouvoir concrétiser des réalisations d'envergure, avoir une vision large des choses, exprimer une très grande créativité, se comporter comme un génie.
- Être très organisé(e), ordonné(e).
- Posséder une forte énergie pour surmonter les difficultés de la vie et une forte volonté pour y arriver, être combatif(ve), ne pas hésiter à se lancer des défis.
- Avoir des exigences très difficiles à supporter par les autres, être très nerveux(se).
- Être attiré(e) par toutes sortes de dépendances et souffrir d'addictions (drogues, alcool, etc.).

D'autre part

- Vivre difficilement les obstacles qui viennent entraver ses réalisations, ne pas avoir l'énergie nécessaire pour surmonter les difficultés de la vie, vivre le 22 comme un 4, c'est-à-dire réaliser des choses sans ampleur.
- Être attiré(e) par le côté sombre des sciences occultes.

Ces interprétations montrent l'importance dans la destinée d'une personne si la case des 22 n'est pas occupée par un chiffre.

→ **Potentiel professionnel si le nombre du chemin de vie est un 22 absent**

Même si elle a envie de réaliser de grandes choses, la personne n'y arrivera pas forcément et devra accepter de s'occuper de travaux de plus petite envergure.

Maintenant, c'est à vous de faire des phrases sur vos propres exemples.

Le deuxième message de nos Anges

Maintenant que nous avons présenté les interprétations des chiffres et des nombres pour nous lancer dans les prédictions liées à la destinée, **nous allons revenir un instant sur l'interprétation du 1 dans l'analyse de cette destinée**.

L'interprétation d'une période où il y a un 1, rappelons-le, signifie que « C'est le moment d'entreprendre ». Bien évidemment, la question qui en découle est : « Quoi ? » ou « Dans quel domaine ? »

Aucun livre de numérologie ne répondant à cette question, nous avons demandé à notre Ange de nous aider.

Dans **l'étude du caractère**, chaque fois que nous rencontrions un 1, il nous fallait, selon notre Ange, le rapprocher du nombre d'expression de la personne. Il en va différemment dans **l'étude de la destinée**. Voici le message que nous avons reçu :

« *Pour que vos interprétations soient les plus justes, n'oubliez jamais, lorsque vous rencontrez une vibration 1, de la rapprocher de la vibration du chemin de vie. Ainsi, comme l'interprétation du 1 annonce que la personne va entreprendre quelque chose, la vibration du chemin de vie qui est sa mission vous dira dans quel sens, dans quel domaine cette entreprise aura lieu.* »

Cette mise au point – que nous ne pouvions trouver seuls – nous a donné l'impression d'avoir fait sauter le mur de l'impasse où nous nous trouvions. Elle nous a ainsi permis d'être encore plus précis dans nos interprétations.

Cette intervention angélique signifie que chaque fois que vous trouverez un 1 comme résultat de vos calculs du **chemin de vie**, des **Apogées**, des **Cycles**, des **différentiels**, des **années personnelles**, des **vibrations anniversaires**, des **mois personnels**, des **journées personnelles**, des **semaines personnelles** et des **heures personnelles**, vous devrez tenir compte de la vibration du chemin de vie que ce 1 va porter comme un sac à dos.

Vous l'écrirez ainsi :

1 / Vibration du Chemin de Vie

Vous l'interpréterez ainsi :

« C'est une période pour reprendre sa vie en main (1) pour réaliser ce que lui offre son Chemin de Vie.

EXEMPLE

Une personne se trouve en **année personnelle** 1 avec un **chemin de vie** 8.

Vous l'écrirez ainsi :

1 / 8

Vous l'interpréterez ainsi :

« C'est une période pour reprendre sa vie en main (1) pour réaliser son ambition personnelle (8) »

Vous trouverez ci-dessous, les interprétations complètes et précises de toutes les possibilités d'interprétations quand vous trouverez un 1 que vous le rapprocherez de la vibration du **chemin de vie**.

- Interprétation du **1 / 1 quand la case 1 est occupée** : pour la personne, c'est une période pour reprendre sa vie en main (1 présent), pour entreprendre seule ce qu'elle a envie de faire tout en y prenant beaucoup de plaisir (1 présent).

- Interprétation du **1 / 1 quand la case 1 est vide** : pour la personne, c'est une période pour reprendre sa vie en main (1 absent), pour entreprendre ce qu'elle a envie de faire malgré les difficultés auxquelles elle doit faire face (1 absent).
- Interprétation du **1 / 2 quand les cases 1 et 2 sont** : pour la personne, c'est une période pour reprendre sa vie en main (1 présent), en acceptant de faire équipe, de collaborer (2 présent).
- Interprétation du **1 / 2 quand les cases 1 et 2 sont vides** : pour la personne, c'est une période pour reprendre sa vie en main malgré ses craintes et les difficultés auxquelles elle doit faire face (1 absent), en collaborant même si elle n'y tient pas (2 absent).
- Interprétation du **1 / 2 quand la case 1 est vide et la case 2 est occupée** : pour la personne, c'est une période pour essayer de reprendre sa vie en main (1 absent), en acceptant de faire équipe (2 présent).
- Interprétation du **1 / 2 quand la case 1 est occupée et la case des 2 est vide** : pour la personne, c'est une période pour reprendre sa vie en main (1 présent), en s'associant, en collaborant même si elle n'y tient pas (2 absent).

- Interprétation du **1 / 3 quand les cases 1 et 3 sont occupées** : pour la personne, c'est une période pour reprendre sa vie en main (1 présent), en se faisant plaisir, en prenant du bon temps, en révélant son potentiel créatif en faisant un enfant, par exemple (3 présent).

- Interprétation du **1 / 3 quand les cases 1 et 3 sont vides** : pour la personne, c'est une période pour essayer de reprendre sa vie en main (1 absent), en apprenant à communiquer, à s'ouvrir aux autres sans trop s'éparpiller (3 absent).
- Interprétation du **1 / 3 quand la case 1 est occupée et la case 3 est vide** : pour la personne, c'est une période pour reprendre sa vie en main, (1 présent) en apprenant à s'ouvrir aux autres sans trop s'éparpiller (3 absent).
- Interprétation du **1 / 3 quand la case 1 est vide et la case 3 est occupée** : pour la personne, c'est une période pour essayer de reprendre sa vie en main (1 absent), en affirmant son potentiel créatif et en croyant aux autres (3 présent).

- Interprétation du **1 / 4 quand les cases 1 et 4 sont occupées** : pour la personne, c'est une période pour reprendre sa vie en main (1 présent), en acceptant le travail et les efforts qu'elle devra fournir pour organiser sa vie (4 présent).
- Interprétation du **1 / 4 quand les cases 1 et 4 sont vides** : pour la personne, c'est une période pour essayer de reprendre sa vie en main (1 absent) malgré le travail, les efforts et les difficultés qu'elle rencontrera (4 absent).
- Interprétation du **1 / 4 quand la case 1 est occupée et la case 4 est vide** : pour la personne, c'est une période pour reprendre sa vie en main (1 présent), malgré le travail et les efforts qu'elle devra fournir pour surmonter les limitations et les difficultés auxquelles elle devra faire face (4 absent).
- Interprétation du **1 / 4 quand la case 1 est vide et la case 4 est occupée** : pour la personne, c'est une période pour essayer de reprendre sa vie en main (1 absent), en acceptant le

travail et les efforts qu'elle devra fournir, et en apprenant à mettre du sérieux et de la rigueur dans ce qu'elle entreprendra en (4 présent).

- Interprétation du **1 / 5 quand les cases 1 et 5 sont occupées** : pour la personne, c'est une période pour reprendre sa vie en main (1 présent) en se donnant les moyens de rester libre en toutes occasions (déménager, voyager, par exemple) pour satisfaire son besoin de nouveauté (5 présent).
- Interprétation du **1 / 5 quand les cases 1 et 5 sont vides** : pour la personne, c'est une période pour essayer de reprendre sa vie en main (1 absent) en tentant de maîtriser sa peur de la nouveauté qu'elle ressent dans ces moments-là (5 absent).
- Interprétation du **1 / 5 quand la case 1 est occupée et la case 5 est vide** : pour la personne, c'est une période pour reprendre sa vie en main (1 présent) en tentant de maîtriser sa peur de la nouveauté qu'elle ressent dans ces moments-là (5 absent).
- Interprétation du **1 / 5 quand la case 1 est vide et la case 5 est occupée** : pour la personne, c'est une période pour essayer de reprendre sa vie en main (1 absent) en se donnant les moyens de rester libre (5 présent).

- Interprétation du **1 / 6 quand les cases 1 et 6 sont occupées** : pour la personne, c'est une période pour reprendre sa vie en main (1 présent), en prenant toutes les responsabilités nécessaires pour créer une entreprise, un foyer ou reprendre sa santé en main (6 présent).
- Interprétation du **1 / 6 quand les cases 1 et 6 sont vides** : pour la personne, c'est une période pour essayer de reprendre sa vie en main (1 absent), en acceptant les responsabilités qu'elle devra prendre en se croyant indispensable (6 absent).
- Interprétation du **1 / 6 quand les cases 1 est occupée et la case 6 est vide** : pour la personne, c'est une période pour reprendre sa vie en main (1 présent), en acceptant les responsabilités qu'elle devra prendre (6 absent).
- Interprétation du **1 / 6 quand la case 1 est vide et la case 6 est occupée** : pour la personne, c'est une période pour essayer de reprendre sa vie en main (1 absent), en prenant toutes les responsabilités nécessaires (6 présent).

- Interprétation du **1 / 7 quand les cases 1 et 7 sont occupées** : pour la personne, c'est une période pour reprendre sa vie en main (1 présent), avec la réflexion nécessaire avant toute action (7 présent).
- Interprétation du **1 / 7 quand les cases 1 et 7 sont vides** : pour la personne, c'est une période pour essayer de reprendre sa vie en main (1 absent), en agissant soit par

intuition ou par instinct en pensant que « ça passe ou ça casse », soit en prenant beaucoup de temps pour réfléchir avant d'agir (7 absent).

- Interprétation du **1 / 7 quand la case 1 est occupée et la case 7 est vide** : pour la personne, c'est une période pour reprendre sa vie en main (1 présent), en agissant soit par intuition ou par instinct en pensant que « ça passe ou ça casse », soit en prenant beaucoup de temps pour réfléchir avant d'agir (7 absent).
- Interprétation du **1 / 7 quand la case 1 est vide et la case 7 est occupée** : pour la personne, c'est une période pour essayer de reprendre sa vie en main (1 absent), avec la réflexion nécessaire avant toute action (7 présent).

- Interprétation du **1 / 8 quand les cases 1 et 8 sont occupées** : pour la personne, c'est une période pour reprendre sa vie en main (1 présent), pour réaliser avec satisfaction son ambition et son désir de réussite (8 présent).
- Interprétation du **1 / 8 quand les cases 1 et 8 sont vides** : pour la personne, c'est une période pour essayer de reprendre sa vie en main (1 absent), pour tenter de réaliser une ambition qui peut lui paraître difficile à mener à son terme au risque de connaître des hauts et des bas (8 absent).
- Interprétation du **1 / 8 quand la case 1 est occupée et la case 8 est vide** : pour la personne, c'est une période pour reprendre sa vie en main (1 présent), pour tenter de réaliser une ambition qui peut lui paraître difficile à mener à son terme en raison de finances fragilisées (8 absent).

- Interprétation du **1 / 8 quand la case 1 est vide et la case 8 est occupée** : pour la personne, c'est une période pour essayer de reprendre sa vie en main (1 absent), pour réaliser avec satisfaction son ambition et son désir de réussite (8 présent).

- Interprétation du **1 / 9 quand les cases 1 et 9 sont occupées** : pour la personne, c'est une période pour reprendre sa vie en main (1 présent), en prenant de la distance avec certaines personnes ou en acceptant des contrats précaires (9 présent).
- Interprétation du **1 / 9 quand les cases 1 et 9 sont vides** : pour la personne, c'est une période pour essayer de reprendre sa vie en main (1 absent), en tentant d'agir en portant de l'intérêt aux autres, au risque de se faire manipuler (9 absent).
- Interprétation du **1 / 9 quand la case 1 est occupée et la case 9 est vide** : pour la personne, c'est une période pour reprendre sa vie en main (1 présent), en tentant d'agir en portant de l'intérêt aux autres financièrement (9 absent).
- Interprétation du **1 / 9 quand la case 1 est vide et la case 9 est occupée** : pour la personne c'est une période pour essayer de reprendre sa vie en main tout en étant influençable (1 absent) en montrant toute sa compassion envers les autres au risque de se faire manipuler (9 présent).

- Interprétation du **1 / 11 quand les cases 1 et 11 sont occupées** : pour la personne, c'est une période pour reprendre sa vie en main (1 présent), en faisant confiance à son intuition ou à son instinct (11 présent).
- Interprétation du **1 / 11 quand les cases 1 et 11 sont vides** : pour la personne, c'est une période pour essayer de reprendre sa vie en main (1 absent), en tentant de faire confiance à son intuition par des projets utopiques (11 absent).
- Interprétation du **1 / 11 quand la case 1 est occupée et la case 11 est vide** : pour la personne, c'est une période pour reprendre sa vie en main (1 présent), en tentant de faire confiance à son intuition (11 absent).
- Interprétation du **1 / 11 quand la case 1 est vide et la case 11 est occupée** : pour la personne, c'est une période pour essayer de reprendre sa vie en main (1 absent), en faisant confiance à son intuition (11 présent).

- Interprétation du **1 / 22 quand les cases 1 et 22 sont occupées** : pour la personne, c'est une période pour reprendre sa vie en main (1 présent), en concrétisant des réalisations d'envergure (22 présent).
- Interprétation du **1 / 22 quand les cases 1 et 22 sont vides** : pour la personne, c'est une période pour essayer de reprendre sa vie en main (1 absent), en tentant de concrétiser des réalisations d'envergure, malgré le peu de chance de les voir aboutir (22 absent).

- Interprétation du **1 / 22 quand les cases 1 est occupée et la case 22 est vide** : pour la personne, c'est une période pour reprendre sa vie en main (1 présent), en tentant de concrétiser des réalisations d'envergure, malgré le peu de chance de les voir aboutir (22 absent).
- Interprétation du **1 / 22 quand la case 1 est vide et la case 22 est occupée** : pour la personne, c'est une période pour essayer de reprendre sa vie en main (1 absent) en concrétisant des réalisations d'envergure (22 présent).

Maintenant, c'est à vous de continuer à mettre des interprétations sur les calculs de vos propres exemples.

Les interprétations des Cycles et des Apogées

Comme vous l'avez constaté, les vibrations numérologiques de chaque période de vie vont par deux, qu'elles concernent les **Apogées**, les **Cycles**, les **différentiels**, les **années personnelles**, les **vibrations anniversaires**, les **mois personnels**, les **journées personnelles**, les **semaines personnelles** ou les **heures personnelles**.

Pour que vos interprétations soient justes, il vous faut suivre les trois règles qui suivent :

1. Vous devez toujours parler de la période la plus grande dans sa durée avant de présenter l'autre. C'est-à-dire que vous devez analyser les chiffres ou les nombres situés à gauche d'un tableau avant d'analyser ceux de droite, en sachant que le nombre de droite indique ce qu'il est nécessaire de faire pour bien vivre cette période de vie.

2. Rappelez-vous aussi que vos interprétations doivent répondre à une question, à une préoccupation formulée par la personne dont vous étudiez le thème. Cela vous permettra toujours de bien choisir les interprétations adaptées.

3. Vous devez impérativement suivre la phrase suivante en l'adaptant à chaque période :

Dans une période… qui parle de…
Il est nécessaire de…
(Si présent) : mettre un verbe…
(Si absent) : verbes « accepter », « contrôler »,
« apprendre à »…
Pourquoi ? Comment ?

EXEMPLE 1

Reportons-nous au tableau complet des **Apogées** et des **Cycles** de la destinée de Charlotte.

0	16 ans	25 ans	34 ans = 4] 6
34 ans		à	43 ans = 11] 7
43 ans		à	52 ans = 11] 4
52 ans		à	61 ans = 11] 9
61 ans		à	70 ans = 5] 9
70 ans		à	79 ans = 5] 9
79 ans		à	88 ans = 5] 9
88 ans		à	etc.

Interprétons les **vibrations numérologiques** de Charlotte qui, âgée de 52 ans, nous **pose une question d'ordre professionnel** pour la période : **de 52 à 61 ans = Cycle 11] apogée 9, différentiel 2**

Dans une periode 11 (11 absent) qui parle de projets utopiques, il est nécessaire (9 présent) pour Charlotte d'envisager d'aller à l'étranger.
Pourquoi ? Différentiel 2 (2 présent) : pour suivre ou rejoindre quelqu'un qui lui tient à cœur.

EXEMPLE 2

Reportons-nous au tableau complet des **Apogées** et des **Cycles** de la **destinée** de Julien.

0	10 ans	19 ans	28 ans = 7] 3
28 ans	à	37 ans =	5] 1/8
37 ans	à	46 ans =	5] 22
46 ans	à	55 ans =	5] 3
55 ans	à	64 ans =	5] 3
64 ans	à	73 ans =	5] 3
73 ans	à	82 ans =	5] 3
82 ans	etc.		

Interprétons les **vibrations numérologiques** de Julien qui, âgé de 34 ans, nous pose lui aussi, **une question d'ordre professionnel** pour la **période qu'il traverse de 28 à 37 ans = Cycle 5] apogée 1/8, différentiel 4 :**

Dans une periode 5 (5 présent) qui parle d'une période d'activité intense faite de choix divers et de déplacements, il est nécessaire (1 présent/8 absent) de continuer à entreprendre en tenant compte des résultats financiers fluctuants.
Pourquoi ? Différentiel 4 (4 absent) : pour tenter de mettre une certaine stabilité dans sa vie.

Comme vous le voyez, rien n'est plus simple. Il vous suffit d'aller chercher les interprétations dans le chapitre des **« Interprétations liées à l'étude de la destinée »** et de suivre la trame que nous venons de vous présenter à l'instant.

Bien sûr, pour que le choix de votre vocabulaire soit le plus juste, il doit s'inscrire dans le cadre d'une réponse précise qui va vous permettre d'ouvrir le bon tiroir pour y trouver l'interprétation adaptée. Par exemple, le **3** qui **représente « les relations, les autres »,** dans une question d'ordre :

- médical devient « les spécialistes du corps médical »;
- juridique, judiciaire devient « un avocat »;
- immobilier devient « les clients, les agents immobiliers »;
- créatif devient « un enfant, l'écriture d'un livre, etc.» ;
- etc.

C'est la méthode simple et précise que nous employons nous-mêmes lorsque nous faisons nos consultations. Elle nous permet d'être justes et efficaces. N'hésitez pas, vous aussi, à vous entraîner avec de nombreux exemples et à vous en servir à chaque fois !

Les interprétations des années personnelles

Les interprétations des **années personnelles** sont importantes pour savoir quand ou comment les projets de la personne dont vous effectuez le thème numérologique ou sa situation vont évoluer. Nous l'avons vu, le calcul d'une **année personnelle** et des **vibrations anniversaires** est très simple.

Quant à l'interprétation, rappelez-vous chaque fois que vous devez mettre l'**année personnelle** à gauche et les **vibrations anniversaires** à droite, comme vous l'avez appris dans le chapitre des différents **calculs liés à l'étude de la destinée**.

Puis, vous allez tout simplement suivre le modèle de phrase employé pour l'interprétation des périodes de vie en remplaçant « période » par « année », tout en vous rappelant que la phrase « il est nécessaire de » analyse la **vibration anniversaire** du moment :

Dans une année… qui parle de…
Il est nécessaire de…
(Si présent) : mettre un verbe...
(Si le nombre est absent de l'Étoile de Vénus) : il faudra utiliser les mots « accepter », « contrôler », « apprendre à »…
Pourquoi ? Comment ?

Rappel : vos interprétations doivent répondre à une question, à une préoccupation formulée par la personne dont vous étudiez le thème. Cela vous permettra toujours de bien choisir les interprétations adaptées.

EXEMPLE 1

Rappelons-nous du résultat des calculs de l'année personnelle 2019 pour Charlotte. **L'année personnelle** de Charlotte est 9, ses **vibrations anniversaires** sont 4 et 6 et cela s'écrit :

Année personnelle 9] Vibration avant anniversaire 4 (diff. 5)
Année personnelle 9] Vibration après anniversaire 6 (diff. 3)

Cela montre bien que cette année personnelle 9 va subir l'influence des deux **vibrations anniversaires** du 4 et du 6.

Question posée • Quel est l avenir de mon couple ?

Voici l'interprétation que vous pouvez faire.

→ Avant son anniversaire

Dans une année personnelle 9 (9 **présent**) qui parle de rupture, de séparation, de bilan, il est nécessaire de prendre en compte (4 **présent**) les difficultés présentes, le sentiment d'enfermement.
Pourquoi ? Différentiel 5 (5 **présent**) : pour retrouver sa liberté.

→ Après son anniversaire

Dans une année personnelle 9 (9 **présent**) qui parle de rupture, de séparation, de bilan, il est nécessaire (6 présent) de constater que c'est son foyer qui est en jeu.
Pourquoi ? Différentiel 3 (3 **présent**) : pour lui permettre d'avoir une meilleure qualité de vie.

EXEMPLE 2

Rappelons-nous du résultat des calculs de **l'année personnelle** 2019 pour Julien. **L'année personnelle** de Julien est 6, ses **vibrations anniversaires** sont 4 et 6 et cela s'écrit :

année personnelle 6] vibration avant anniversaire 4 (diff. 2)
année personnelle 6] vibration après anniversaire 6 (diff. 0)

Ce tableau montre bien que cette **année personnelle** 6 va subir l influence des deux **vibrations anniversaires** du 4 et du 6.

Question posée • Qu'en est-il de l'achat d'une maison ?

Voici l'interprétation que vous pouvez faire.

→ **Avant son anniversaire**

Dans une année personnelle 6 (6 **absent**) qui parle de résoudre un problème immobilier, il est nécessaire de garder les pieds sur Terre (4 **absent**) pour faire le bon choix.
Comment ? Différentiel 2 (2 **absent**) : en se faisant aider.

→ **Après son anniversaire**

Dans une année personnelle 6 (6 **absent**) qui parle de résoudre un problème immobilier, il est nécessaire (6 **absent**) de tout faire pour trouver une maison à son goût.
Pourquoi ? Comment ? (Différentiel 0) : pas de pourquoi ni de comment, Julien ne doit donc pas n'avoir en tête que sa recherche de maison.

Mais comme l'analyse de l'année 2019 ne nous a pas donné de date pour répondre à sa question portant sur l'achat d'une maison, il faut analyser l'année 2020 qui sera, pour Julien, une **année personnelle** 7.

Avant de faire l'analyse de 2020, rappelez-vous ce que nous vous avons dit plus haut : **tout ce qui est entrepris en année 6 se réalise en année 7**. Cette indication nous donne une partie de la réponse. Analysons donc l'année 2020 pour Julien afin de lui fournir une réponse complète. L'**année personnelle** de Julien, en 2020, sera 7, ses vibrations anniversaires seront 6 et 8 et cela s'écrit :

année personnelle 7] vibration avant anniversaire 6 (diff. 1/8)
année personnelle 7] vibration après anniversaire 8 (diff. 1/8)

Ce tableau montre bien que cette **année personnelle** 7 va subir l'influence des deux **vibrations anniversaires** du 6 et du 8.

Voici l'interprétation que vous pouvez faire :

→ Avant son anniversaire

Dans une année personnelle 7 (7 **présent**) qui parle de signature, il est nécessaire de fixer son choix sur une maison à sa convenance (6 **absent**).
Comment ? Différentiel 1 (1 **présent**/8 **absent**) : en assumant seul le poids de cet achat en selon ses moyens financiers.

→ Après son anniversaire

Dans une année personnelle 7 (7 **présent**) qui parle de signature, il est nécessaire (8 **présent**) de concrétiser l'achat de cette maison.
Comment ? Différentiel 1 (1 **présent**/8 **absent**) : en assumant seul les conséquences de cet achat.

Maintenant, nous pouvons répondre à Julien que son thème numérologique prévoit un achat immobilier après son anniversaire de 2020 ! Pour éviter de décevoir votre consultant(e), ne lui assurez pas que ce que vous prévoyez sera nécessairement une réalité, mais bien que c'est son thème numérologique qui l'annonce et le favorise. Outre ces prédispositions numérologiques, chacun est toujours libre de surfer sur la vague ou d'aller à contre-courant !

N'hésitez pas, vous aussi, à formuler des phrases sur de nombreux exemples !

Les interprétations des mois personnels, des journées personnelles, des semaines personnelles, des heures personnelles

L'interprétation de chacune de ces périodes va se dérouler avec la même phrase-clé :

Dans une période… qui parle de…
Il est nécessaire de…
(Si le nombre est présent) : mettre un verbe adapté à ce nombre…
(Si le nombre est absent) : mettre un verbe comme « accepter », « contrôler », « apprendre à »…
Pourquoi ? Comment ?

Rappel : vous devez toujours mettre la plus longue durée à gauche comme vous l'avez appris dans le chapitre des différents **calculs liés à l'étude de la destinée**. Rappelez-vous aussi que vos interprétations doivent répondre à une question, à une préoccupation formulée par la personne dont vous étudiez le thème. Cela vous permettra toujours de bien choisir les interprétations adaptées.

EXEMPLE 1

→ **Pour l'interprétation d'un mois personnel**, continuons avec Charlotte qui, en 2019, est en **année personnelle 9** avec le mois personnel de juillet en vibration numérologique **7.**

Question • Comment va se dérouler le mois de juillet pour Charlotte sur le plan affectif ?

juillet 7 + année personnelle 9 = 16 = 1 + 6 = 7 = vibration numérologique 7

Ce qui s'écrit ainsi

année personnelle 9] mois personnel 7 , différentiel 2

Ce qui s'interprète comme suit

Dans une année personnelle 9 (9 **présent**) qui parle de rupture, de séparation, de bilan, il est nécessaire (7 **absent**) de prendre un peu de recul sur le plan affectif pendant ce mois de juillet.

Pourquoi ? Différentiel 2 (2 présent) : pour faire enfin ce qu'elle souhaite et satisfaire son besoin affectif.

→ **Pour l'interprétation d'une journée personnelle**, reprenons l'exemple de Charlotte qui demande comment se déroulera la journée du 14 juillet dans ce climat de rupture. Dans les calculs concernant Charlotte, nous avons vu que le 14 juillet 2019 est en vibration numérologique 3.

Ce qui s'écrit ainsi

mois personnel 7] journée personnelle 3 (différentiel 4)

Ce qui s'interprète ainsi

Dans un mois personnel 7 (7 **absent**) qui parle de repli sur soi, il est nécessaire (3 présent) de prendre du bon temps avec des ami(e)s le jour de 14 juillet.
Pourquoi ? Différentiel 4 (4 **présent**) : pour éviter une déprime (rapprochement du 7 et du 4).

→ **Pour l'interprétation d'une heure personnelle**, reprenons l'exemple de Charlotte qui demande si le rendez-vous fixé à 20 h avec ses ami(e)s est un bon horaire.

Dans les calculs concernant Charlotte, nous avons vu que le 14 juillet 2019 est en vibration numérologique 3, ce qui indique que 20 h est en vibration numérologique 5 et donne l'interprétation suivante.

Dans une journée personnelle 3 (3 **présent**) qui parle de bon temps à passer entre ami(e)s, il est nécessaire (5 **présent**) de sortir, d'être dehors, de se sentir libre.
Comment ? Différentiel 2 (2 **présent**) : en faisant ce qu'elle a envie de faire et en satisfaisant son besoin affectif.

→ **Pour l'interprétation d'une semaine personnelle**, prenons encore l'exemple de Charlotte qui, en 2019, est en année personnelle 9, tandis que la journée du 14 juillet est dans une semaine 29 avec une vibration numérologique 11.

$$\begin{array}{r} 11 \\ 9 \\ +\ 29 \\ \hline \end{array}$$
$$= 38 = 3 + 8 = 11$$

Ce qui s'écrit ainsi

année personnelle 9] semaine personnelle 11 , différentiel 2

Question • Que doit-elle attendre de cette semaine sur le plan sentimental ?

Ce qui s'interprète comme suit

Dans une année personnelle 9 (9 **présent**) qui parle de rupture, de séparation, de bilan, il est nécessaire durant cette semaine 11 (11 **absent**) de faire tout de même des projets.

Pourquoi ? Différentiel 2 (2 présent) : pour faire ce qui lui plairait sur le plan sentimental.

EXEMPLE 2

Pour l'interprétation d'un mois personnel, prenons maintenant, l'exemple de Julien qui, en 2019, est en **année personnelle 6** avec le **mois personnel** de juillet en vibration numérologique **4**.

Question • Comment va se dérouler le mois de juillet pour Julien sur le plan affectif ?

Dans une année personnelle 6 (6 **absent**) qui parle de foyer, d'amour, de sentiments, d'une prise de trop nombreuses responsabilités, il est nécessaire 4 (4 **absent**) de faire une mise au point d'une situation fragilisée.
Pourquoi ? Différentiel 2 (2 **absent**) : pour tenter de trouver des solutions et faire des concessions.

→ **Pour l'interprétation d'une journée personnelle**, continuons avec l'exemple de Julien qui demande comment se déroulera sa journée du 14 juillet. Dans les calculs concernant Julien, nous avons vu que le 14 juillet 2019 est pour lui en vibration numérologique 9.

Dans un mois personnel 4 (4 **absent**) qui parle de faire face à des difficultés au prix de gros efforts, il est nécessaire 9 (9 **présent**) de prendre ses distances avec des personnes avec qui il ne se sentira pas bien.

Pourquoi ? Différentiel 5 (5 **présent**) : pour préserver sa liberté.

→ **Pour l'interprétation d'une heure personnelle**, si, ce 14 juillet, Julien a un rendez-vous fixé à 20 h avec ses amis, est-ce un bon horaire ? Dans les calculs, nous avons vu que pour Julien, le 14 juillet 2019 est en vibration numérologique 9, ce qui indique que 20 h est en vibration numérologique 11 suivant ce calcul :

$$\begin{array}{r} 9 \\ +\ 20 \\ \hline = 29\ (2+9 = 11) \end{array}$$

Ce qui s'interprète ainsi

Dans une journée personnelle 9 (9 **présent**) qui parle de prendre certaines distances avec des personnes avec qui il ne se sentira pas bien, il est nécessaire (11 **absent**) de ne pas trop rêver sur le résultat de ce rendez-vous.
Comment ? Différentiel 2 (2 **absent**) : même s'il souhaitait recevoir des marques d'affection.

→ **Pour l'interprétation d'une semaine personnelle**, prenons l'exemple de Julien qui, en 2019, est en année personnelle 6 tandis que la journée du 14 juillet est dans une semaine 29 avec une vibration numérologique personnelle 8.

Question • Comment se déroulera cette semaine-là sur le plan financier ?

Cela s'écrit

année personnelle 6] semaine personnelle 8 , différentiel 2

Cela s'interprète comme suit

Dans une année personnelle 6 (6 **absent**) qui parle de foyer, de prise de trop nombreuses responsabilités, il est nécessaire durant cette semaine 8 (8 **absent**) de faire attention à l'argent. Comment ? Différentiel 2 (2 **absent**) : en acceptant l'idée de partager les frais de cette soirée.

Si la question concerne la santé, vous pouvez faire l'interprétation suivante

Dans une année personnelle 6 (6 **absent**) qui parle de santé, il est nécessaire durant cette semaine 8 (8 **absent**) d'accepter une hospitalisation, une opération.
Comment ? Différentiel 2 (2 **absent**) : en acceptant d'écouter les conseils reçus.

Maintenant, n'hésitez pas, vous aussi, à faire des phrases sur de nombreux exemples !

Quelques astuces pour faciliter vos interprétations

Comme vous avez pu le constater, **chaque chiffre ou nombre est porteur d'une interprétation qui va vous servir à répondre aux questions des personnes qui vous consulteront**. Les chiffres et nombres que vous allez rechercher se trouvent en général dans les calculs de **l'année personnelle**, de la **vibration anniversaire** et du **différentiel** (s'il y en a un, parce qu'il est impossible, vous le savez, d'interpréter un chiffre ou un nombre seul).

Alors, pour faciliter vos interprétations concernant n'importe quel sujet, nous allons vous donner les calculs les plus pertinents à effectuer pour répondre avec le plus de précision et trouver les meilleures interprétations. Vous allez maintenant avoir un aperçu du florilège de questions posées, avec les chiffres ou nombres qui vous permettront d'y répondre.

Quand vais-je acheter un bien immobilier ?

Vous devez chercher des chiffres et nombres précis dans les calculs des **années personnelles**, des **vibrations anniversaires** et des **différentiels**. Si l'année actuelle ne favorise pas la transaction, étendez vos calculs aux années personnelles suivantes !

- Le **6** : le bien à acheter.
- Le **8** : la transaction financière.
- Le **7** : l'acte notarié.
- Le **3** : l'intermédiaire, l'agence immobilière, les clients.
- Le **9** : la négociation du prix.
- Le **11** : le prix surévalué.
- Le **1** : (dans un différentiel) la personne se charge seule de la recherche du bien.

Si un bien est acheté durant un **Cycle** 8 ou un **Apogée** 8, il est appelé à être revendu dans le futur. N'hésitez pas à le signaler à la personne qui vous consulte, parce que cela lui fera comprendre que ce bien devra être situé dans un lieu passant pour en faciliter la revente, avec des critères de beauté neutres.

Par contre, si cet achat se déroule dans un **Cycle** ou un **Apogée** 6, ce bien va entrer dans le patrimoine de la personne qui ne le revendra pas. Cette précision lui permettra peut-être de se décider sur un bien isolé mais qui lui plaira personnellement.

Quand vais-je vendre mon bien immobilier ?

Vous devez chercher des chiffres et nombres précis dans les calculs des **années personnelles**, des **vibrations anniversaires** et des **différentiels.** Si l'année actuelle ne favorise pas la transaction, calculez les années personnelles suivantes pour trouver une date.

- Le **6** : le bien à vendre.
- Le **8** : la transaction financière.
- Le **7** : l'acte notarié.
- Le **3** : l'intermédiaire, l'agence immobilière, le client.
- Le **9** : c'est le moment de vendre son bien, sinon l'occasion ne se représentera que dans 2 ou 3 ans.
- Le **9** bis : accepter la négociation du prix pour se défaire de son bien.
- Le **11** : le prix surévalué.
- Le **1** : la personne se charge seule de la vente du bien.

Et si je n'arrive pas à vendre un bien immobilier ?

Première piste : allez d'abord vérifier, dans les calculs des **Cycles** et **Apogées**, si la personne traverse actuellement une période qui bloque la vente. Vous aurez déjà une piste si vous trouvez les nombres suivants :

- **7** : frein sur toute transaction financière ;
- **6** : la personne ne veut pas vendre pour ne pas se défaire d'un bien familial qui doit rester dans l'héritage qu'elle transmettra ;
- **8** : lorsqu'il s'agit d'un couple, si une personne du couple traverse une tranche de vie en vibration 8, c'est elle qui devrait se charger de la vente.

Deuxième piste :

- si vous trouvez une année personnelle ou une vibration anniversaire 11 **:** le prix du bien est surévalué et nuit à la vente ;
- toute action commencée en année personnelle 6 permet de réaliser la vente en année personnelle 7 ;
- le 9 en année personnelle ou en vibration anniversaire : ressentant un ras-le-bol, la personne doit accepter de négocier pour se défaire de son bien à tout prix.

Quand vais-je déménager ?

Cherchez une année personnelle et une vibration anniversaire avec :

- **5** : envie de déménager, la personne doit se déplacer pour chercher quelque chose qui lui plaira ;
- **6** : la personne a un bien qu'elle va quitter et trouve le bien qui va lui plaire ;
- **7** : contrat de location ou de vente ;
- **9** : le déménagement fait en année personnelle 9 sera suivi d'un autre déménagement dans les 2 ou 3 ans qui suivent.

Quand vais-je avoir un enfant ?

- **Le 3 en vibration d'une année personnelle** : l'enfant est la principale préoccupation de l'année.
- **Le 3 en vibration anniversaire** : nécessité de prendre des dispositions pour l'arrivée d'un enfant.
- **Le 3 en différentiel** : avortement, fausse couche.

Quand vais-je rencontrer quelqu'un ?

- **1** : la personne doit prendre l'initiative dans ce domaine.
- **5** : moment favorable aux rencontres mais il faut sortir.
- **3** : passer du bon temps entre amis pour favoriser les contacts.
- **6** : évolution propice, installation en couple.

Quand vais-je retrouver du travail ?

- **4** : année où le travail est le sujet principal.
- **5** : nécessité de se bouger, opter pour un travail d'intérim ou en CDD.
- **7** : signature d'un contrat en CDI.
- **9** : contrat signé pour une courte durée.
- **7** : si le contrat est signé en année personnelle 9, il est signé dans le cadre d'une mission d'un an.
- **6** : responsabilités confiées dans le cadre du travail.

Vais-je partir à l'étranger ?

- **5** : voyage dans un pays proche permettant des allers-retours.
- **9** : voyage, séjour, ou installation en pays lointain.
- **4 en différentiel** : départ à l'étranger pour travailler.

Quand mon procès va-t-il se finir ?

- **3** : c'est l'avocat qui défend la personne.
- **7** : c'est encore le moment de compléter des dossiers administratifs.
- **7 en journée personnelle** : procès reporté.
- **8** : c'est le moment où l'on parle d'argent, d'indemnités.
- **9** : c'est l'année de la fin du jugement

Comment mon procès va-t-il se finir dans le cadre d'une procédure de divorce, ou de problèmes de voisinage, etc. ?

- **9 en année personnelle :** c'est l'année de la fin du procès.
- **4 en vibration anniversaire** : des difficultés à monter le dossier.
- **5 en vibration anniversaire** : le dossier n'est pas complet.
- **7** : fournir des documents pour compléter le dossier.
- **8 en vibration anniversaire** : indemnités à payer ou à recevoir.

Pouvez-vous me parler de ma santé ?

Première piste : si la personne a un chemin de vie 6 **absent,** c'est-à-dire que son Étoile de Vénus est vide, sa santé est fragile.

Deuxième piste : si dans ses périodes de vie, la personne a – ou a eu – un **Cycle** 6, sa santé est fragile depuis longtemps.

Troisième piste : si dans ses périodes de vie, la personne a ou a eu un **Cycle** 4, sa santé est fragilisée depuis longtemps par tous les efforts qu'elle a fait subir à son corps et à son cœur.

Et en général : le 6 parle de la santé avec plus ou moins de gravité selon qu'il est absent ou présent.

- 6 proche d'un 3 : voir un spécialiste de la santé ;
- 6 proche d'un 4 : santé fragilisée (cœur) ;
- 6 proche d'un 5 : problème ambulatoire ;
- 6 proche d'un 6 : on ne parle que de la santé ;
- 6 proche d'un 7 : nécessité de se reposer ;
- 6 proche d'un 8 : opération chirurgicale ;
- 6 proche d'un 9 : ablation possible ;
- 6 proche d'un 11 ou d'un 22 : tension nerveuse à surveiller ;
- 7 proche d'un 4 : déprime, dépression, burn-out ;
- le 7 proche d'un 11, différentiel 4 : burn-out.

Mon couple semble battre de l'aile, allons-nous vers une séparation ?

Plusieurs pistes montrent une prédisposition à la fragilisation du couple, dans le **chemin de vie**, en **nombre actif**, en **nombre d'expression** ou dans **l'Étoile de Vénus**.

- **3** : symbole de la séduction.
- **5** : révèle un besoin naturel de nouveauté, une attirance pour les conquêtes amoureuses.
- **6 absent dans l'Étoile de Vénus de l'un ou de l'autre** : fragilité du foyer.
- **7** : symbole d'un caractère ou d'un comportement qui débouche sur l'absence de communication entre deux personnes.

Dans la destinée

- **Mariage en vibration numérologiques 7 ou 9 dans le thème de l'un ou de l'autre** : le couple ne durera pas.
- **Le 5 dans les Cycles ou le Apogées** : révèle une instabilité de comportement.
- **Le 9 en année personnelle ou en vibration anniversaire** : symbole de rupture, d'éloignement ou simplement de ras-le-bol.
- **Le 9 proche du 6 en année personnelle, en vibration anniversaire ou en différentiel** : symbole d'une séparation, d'un divorce rendus difficiles à cause des enfants.

Mon intérêt pour tout ce qui touche à l'ésotérisme peut-il s'expliquer ? Mon avenir est-il concerné par le paranormal ?

Les deux nombres qui peuvent expliquer cette ouverture d'esprit sont le **11** et le **22**, puisqu'ils symbolisent les **vieilles âmes réincarnées.**

Première piste : la personne possède-t-elle *dans son identité* les lettres **K** ou **V** ? Avez-vous trouvé dans vos calculs des résultats donnant **11** ou **22** ? Par exemple, dans son **chemin de vie**, son **nombre actif** ou son **nombre d'expression** ? Cela pourrait expliquer son ouverture d'esprit pour l'ésotérisme et un besoin d'aller toujours plus loin dans cette direction ou, au contraire, une peur incontrôlée.

Deuxième piste : l'analyse des tranches de vie (**Cycles** et **Apogées**)

Le **11** ou le **22** dans la première partie de vie : nous pouvons supposer que la personne s'est réincarnée dans sa famille pour développer un potentiel venu de ses vies antérieures parce que dans cette famille, il y a eu déjà un ancêtre qui pratiquait soit en tant que rebouteux, soit comme coupeur de feu, etc. Cette personne a pu avoir, dès son plus jeune âge, des rêves prémonitoires ou des moments de clairvoyance vite réprimés par ses parents.

Le **11** ou le **22** dans une autre partie de vie : la présence de ce nombre précise qu'à un moment de sa vie, la personne s'est ouverte à l'ésotérisme. Cela peut la déstabiliser au point, parfois, d'en avoir peur.

Et si une personne qui possède un **11** ou un **22** vous dit qu'elle n'est pas du tout intéressée par l'ésotérisme, n'insistez pas. C'est sûrement une personne qui, dans une vie antérieure, a souffert sous l'Inquisition, par exemple, et dont la mémoire de ses cellules lui rappelle les souffrances qu'elle a subies dans cette vie antérieure.

Troisième piste : si le **11** ou le **22** se trouvent dans une **année personnelle** ou dans une **vibration anniversaire** et si la personne a des projets dans l'ésotérisme, ils renforcent l'idée qu'elle a l'intention de développer son ouverture d'esprit pour l'ésotérisme afin de s'installer plus tard, professionnellement, dans ce domaine.

22
9
8
7
4

CONCLUSION

Nous voilà arrivés au terme de notre méthode de formation à la **numérologie prédictive**. Nous vous avons donné toutes les clés que nous utilisons et qui nous permettent d'être très précis dans nos consultations.

Concernant ces interprétations, nous vous avons donné de nombreux détails. **Nous vous avons permis de traduire les interprétations des chiffres et nombres en phrases afin d'éviter que ne vous exprimiez par du vocabulaire réduit à de simples mots** parce que la numérologie prédictive ne trouve pas de solutions à une question dans l'utilisation de quelques mots. Elle a besoin de phrases qui exposent aux consultant(e)s comment une situation va évoluer.

Notre professionnalisme nous a permis de recueillir des commentaires que nous avons réunis dans « Le Livre d'Or » de notre site www.zicenzo.com, en voici deux extraits :

« Bonjour tous les deux,

Je viens de nouveau vers vous.

Je vous avais envoyé un mail en avril dans lequel je vous remerciais pour vos prévisions de l'année 2019.

En résumé, j'ai effectué un remplacement de quatre mois dans une boulangerie pour que les employés puissent prendre leurs congés et, aujourd'hui, je suis embauchée en CDI. Qu'elle fut ma joie, ce jour-là ! Vous aviez prévu tout cela. Voilà une bonne chose pour terminer mon année avant la retraite ! Vous avez une justesse pour toutes les choses qui se sont passées cette année 2019. Niveau travail et niveau sentimental. Merci beaucoup pour votre aide précieuse et votre gentillesse. » (Yvette P.)

« Bonjour à vous deux, vous êtes tous les deux impressionnants et bien complémentaires car tout ce que vous me dites depuis 2016 arrive aux dates prévues. En début 2017, vous me parliez de l'été 2018 et la suite... Tout arrive successivement comme vous l'aviez prédit dans les chiffres de ma vie ! Merci pour ce que vous êtes, ne changez pas. Je vous embrasse. » (Nelly N. G.)

Ce genre d'appréciations nous fait prendre conscience de l'utilité de notre méthode et nous encourage à la transmettre à de futur(e)s numérologues. Car comme le dit Grigori Grabovoï, auteur de *L'Homme des codes de guérison miracle* : « Le moment est venu que cet enseignement soit accessible à tous puisque les chiffres et les nombres aiguisent l'intuition. »

LES AUTEURS

Pour tout renseignement
vous pouvez nous joindre par mail :
zicenzo@sfr.fr
et visiter notre site
www.zicenzo.com

MES NOTES

MES NOTES

MES NOTES

MES NOTES

MES NOTES

MES NOTES

MES NOTES

MES NOTES

MES NOTES

DÉJÀ PARUS
DANS LA COLLECTION OSELEO

Les pouvoirs
de l'astrologie celtique
Découvrez la magie de
votre arbre protecteur
Hermine Deniaud
Paru en octobre 2019

Les expériences de
mort imminente
Quand la science envisage
l'impossible
Catherine Piraud-Rouet
Paru en novembre 2019

Les pouvoirs de la loi
d'attraction
Les clés mystiques pour
transformer votre vie
Rachel Villecroze
Paru en janvier 2020

À l'aube
d'une transformation
Messages de l'au-delà
pour sauver l'humanité
Clesios
Paru le 09 mars 2020

Le monde des esprits
amérindiens
À la découverte
de votre animal totem
Lino Emara
Paru en juillet 2020

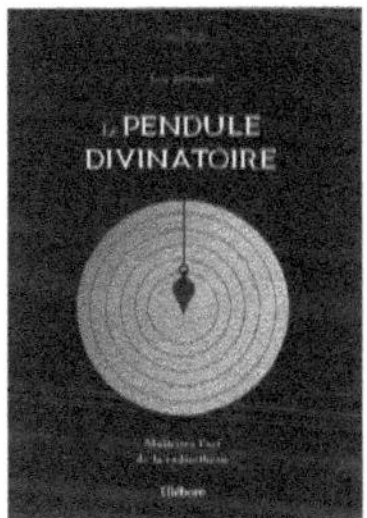

Le pendule divinatoire
Maîtrisez l'art
de la radiesthésie
Lou Sylvereal
Paru en juillet 2020

La chiromancie
divinatoire
Les dessous des lignes de
votre main - Agathe Jolien
Paru en septembre 2020

Achevé d'imprimer en septembre 2020
sur les presses de la Nouvelle Imprimerie Laballery
58500 Clamecy
Dépôt légal : octobre 2020
Numéro d'impression : 009236

Imprimé en France

La Nouvelle Imprimerie Laballery est titulaire de la marque Imprim'Vert®